大峪沟镇志

郑州市名镇志文化工程

郑州市地方史志编纂委员会　主办
郑州市地方史志办公室　编著

中国水利水电出版社
www.waterpub.com.cn
·北京·

图书在版编目（CIP）数据

大峪沟镇志 / 郑州市地方史志办公室编著. -- 北京：中国水利水电出版社，2019.12
郑州市名镇志文化工程
ISBN 978-7-5170-8207-1

Ⅰ. ①大… Ⅱ. ①郑… Ⅲ. ①乡镇－地方志－巩义 Ⅳ. ①K296.15

中国版本图书馆CIP数据核字(2019)第253809号

审图号：豫S〔2019年〕047号

总 策 划：营幼峰
选题策划：马爱梅　宋建娜　张小思
责任编辑：杨春霞

	郑州市名镇志文化工程
书　名	大峪沟镇志
	DAYUGOU ZHEN ZHI
作　者	郑州市地方史志办公室　编著
出版发行	中国水利水电出版社
	(北京市海淀区玉渊潭南路1号D座　100038)
	网址: www.waterpub.com.cn
	E-mail: sales@waterpub.com.cn
	电话: (010) 68367658 (营销中心)
经　售	北京科水图书销售中心 (零售)
	电话: (010) 88383994、63202643、68545874
	全国各地新华书店和相关出版物销售网点
排　版	北京金五环出版服务有限公司
印　刷	北京印匠彩色印刷有限公司
规　格	184mm×260mm　16开本　15.75印张　278千字
版　次	2019年12月第1版　2019年12月第1次印刷
印　数	0001—2200册
定　价	98.00元

大峪沟镇地图

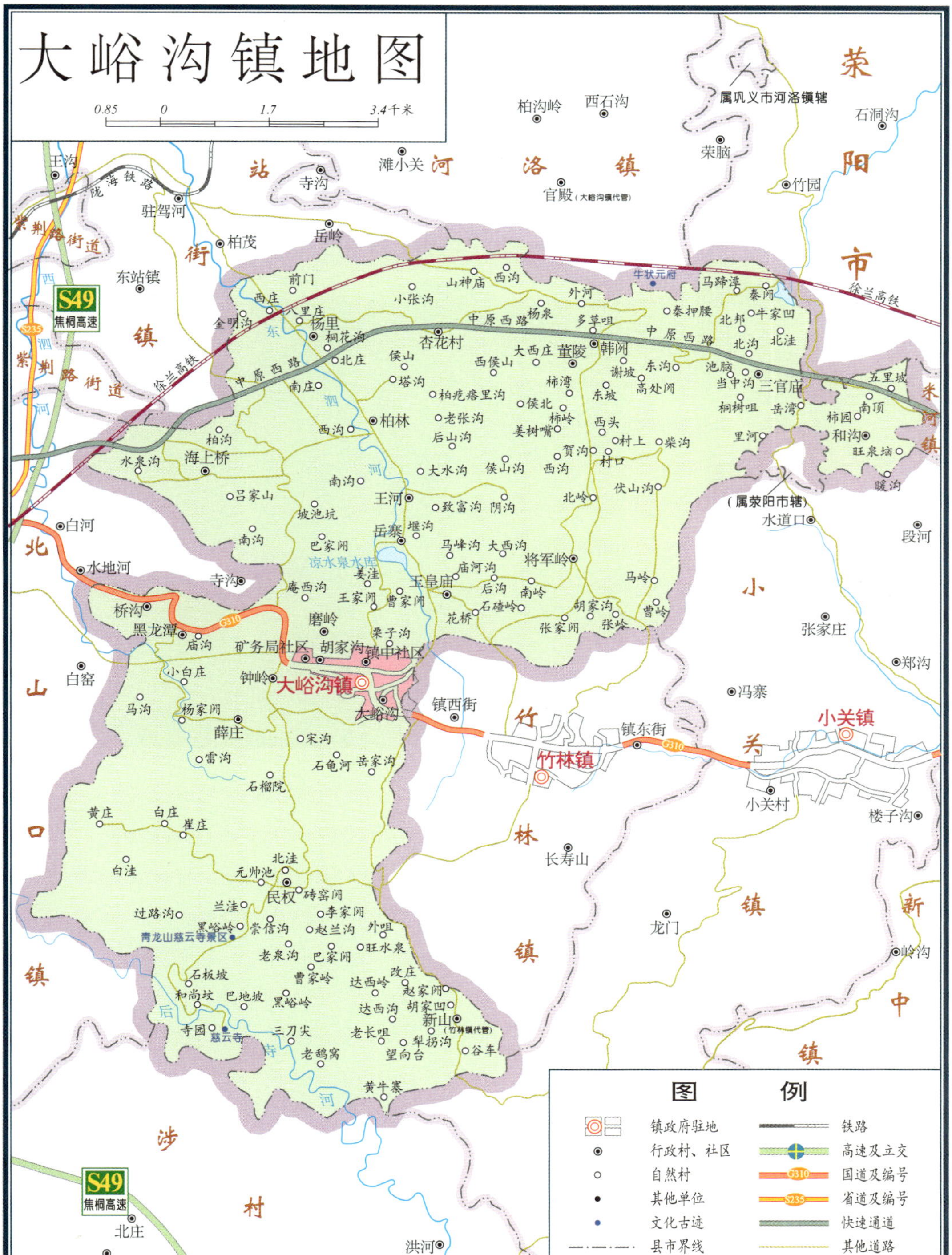

（注：图内行政界线不作为实际划界依据）

大峪沟镇地图

青龙山

美丽乡村——民权村

将军岭村光伏扶贫项目

徐兰高铁穿越大峪沟　康亚峰　摄

郑州市名镇志、名村志、名街志编纂委员会

《大峪沟镇志》编纂委员会

主　　任　刘亚涛　于晓理

副 主 任　邢月克　王晓辉

委　　员　张建波　赵瑞杰　路瑞涛　韩　冰　付振海　王利娟
孙永华　姚杏彩　张　洋　范澎涛

编　　撰　阎兴业　贺宝石　张景明　杨雅兰　苏金楠　张志亮
张元宏　范保党　王亚杰　刘卫东　张晓佩　姜璐娜
雷　震　王　慧　武玲燕　梁芳芳　雷泽洋

绘　　画　陈天然　刘　杰　丁一林　段正渠　王　琨　王　辉
李运江　程兆星　毛本华　于会见　左国顺　赵维华
石　秀　田　志　马　勇　赵维平　刘建伟　吴京埗
陈永生　邬　建　周喜增　王圣松　姚小伟　刘　磊
石　磊　杨　波

图　　片　曹振普　钟兆辉　常　宝　张良化

序

2018年以来，我们在中国地方志指导小组办公室、河南省地方史志办公室的热情指导和大力支持下，在郑州市各县（市、区）地方史志工作机构及相关镇、村、街道的共同努力下，开拓创新，克难攻坚，相继完成了11部镇志、1部村志、18部街道志，共计30部基层志书的编纂出版工作。这是我市坚持以习近平新时代中国特色社会主义思想为指引，认真贯彻落实《全国地方志事业发展规划纲要（2015—2020年）》（国办发〔2015〕64号），围绕中心、服务大局，推动地方志事业高质量发展、发挥存史、资政、育人职能作用的一项重要成果。

这30部志书以镇志、村志、街道志为主线，全面、客观地记述了郑州从一座古老的城市发展成为国家中心城市的历史进程，阐释了中华文明、中原文化在郑州这座城市的文明形态起源、嬗变和现代转型。聚焦黄河文化、商都文化、黄帝文化、河洛文化、嵩山文化和二七精神等重要的城市文化名片，我们组织编纂了管城区《东大街街道志》《西大街街道志》《城东路街道志》，二七区《德化街道志》，金水区《杜岭街道志》，巩义市《回郭镇志》《大峪沟镇志》《康店镇志》《河洛镇志》《站街镇志》，新郑市《孟庄镇志》《新建路街道志》，惠济区《古荥镇志》，上街区《峡窝镇志》《方顶村志》，中牟县《雁鸣湖镇志》，新密市《刘寨镇志》，登封市《告成镇志》等一批志书。我们尝试从地方志的角度描述、分析这些文化的历史演进，宏大叙事与微观剖析并重，讲述方志故事，凝聚城市精神，发现并彰显这些深藏在街道社区、乡镇村庄里的城市文化根脉。

我们借鉴人文地理学和社会学的调查研究方法，在中原区委、区政府的支持下，组织编纂了该区《西流湖街道志》《中原西路街道志》《桐柏路街道志》《三官庙街道志》《棉纺路街道志》《绿东村街道志》《林山寨街道志》《汝河路街道志》《航海西路街道志》《须水街道志》《秦岭路街道志》《建设路街道志》12部街道志，对一个行政建置区域的政治、经济、文化、社会、生态建设状况，特别是对自中华人民共和国成立以来各个历史时期的发展做了全方位的较完整记述。这些街道志组成了美丽的"方志拼图"，从中我们可以清晰地看到中原区从一个传统的城郊农业区，在新中国成立初期形成郑州市的市级行政中心、文化中心和现代工业区，改革开放以来经过国企改革的华丽“蝶变”，转型升级为现代化宜居宜业新城区的时空轨迹。

我们在丛书编纂中基本采用了中国地方志指导小组办公室确定的中国名镇志、名村志、名街志编写体例，以质量为生命线，强化精品意识，与各编纂单位和出版单位一起，对每部志书严把政治关、史实关、体例关、文字关、出版关，认真贯彻落实《郑州市地方志工作规定》要求，理顺管理体制和运行机制，分级负责与属地管理相结合，明确了市、县（市、区）、镇（街道）、村等各级在志书编纂中的具体权责，一级抓一级，层层抓落实，形成了踏石留印、抓铁有痕的良好工作格局。

在编纂方式上，我们积极适应“读图时代”的现代读者需求，在锤炼文字表达的同时，特别突出了“图像存史”的作用。我们与河南省美术家协会合作，组织一批在省内乃至全国有影响力的优秀画家，深入基层开展采风创作，用画笔描绘郑州美丽乡村和城市现代街区风貌。我们要求编纂单位注意对优秀美术作品的资料收集，如巩义籍著名画家陈天然、徐小龙等长年扎根农村基层，创作出一批表现浓郁乡土风情的优秀美术作品，经其家人慨允，许多作品收入相关志书，成为熠熠生辉的亮点。中共郑州市委宣传部外宣办，河南日报新闻图片有限公司，郑州日报社及市、县（市、区）摄影家协会等单位和许多优秀、敬业的摄影家，为我们提供、创作了一大批精彩的摄影作品，与志书篇章结构和语言文字同步配合，形成了一个全新的图像叙事体系。这已不是简单的配图、插图、图文并茂，而是把图像证史、存史放在了编纂方式创新的维度上来考量其价值与意义。

为提高志书编纂的学术品质，我们与郑州大学建筑学院合作，开展传统村落与民居保护和城市街区建筑文化专项调查，形成了一批研究成果，并在编纂中予以重点展示。郑州市是中华文明探源工程、夏商周断代工程等考古研究的重点区域，拥有世界文化遗产——登封“天地之中”历史建筑群和诸多国家重点文物保护单位，各类历史文化遗迹俯拾即是。

在文物部门的大力支持下，我们在相关志书编纂中，注意收录考古最新发现及研究成果，以丰富志书编纂的文化内涵。

这里需要特别感谢的是，河南日报农村版、中国水利水电出版社等单位积极、热情地参与到编纂工作中，帮助我们探索了史志工作与专业机构通力合作、优势互补、众手成志的史志编纂新模式。在这部丛书出版之际，谨向支持、参与这项工作的所有部门、单位，领导、专家和基层史志工作者表示真诚的谢意！

以上是我们在郑州市名镇志、名村志、名街志文化工程中的一些尝试，不足之处敬请批评指正，以便在今后工作中认真加以改进。

郑州市地方史志办公室

2019年12月

凡 例

一、指导思想　以马克思列宁主义、毛泽东思想、邓小平理论、“三个代表”重要思想、科学发展观、习近平新时代中国特色社会主义思想为指导，坚持辩证唯物主义和历史唯物主义的立场、观点和方法，存真求实，全面、客观、系统记述中国名镇城镇化进程和改革开放成果，传承和抢救乡土历史文化，激发爱国爱乡情怀，留住乡愁，为探索中国特色新型城镇化建设、服务乡村振兴战略提供历史智慧和现实借鉴。

二、质量要求　参照中国地方志指导小组印发的《地方志书质量规定》执行。在坚持志体的前提下，体裁运用、篇目设置、资料选择等作适当创新。内容以记载镇域范围内的微观资料为主，详市县志之所略。根据不同类型名镇的特点，记述域内自然、政治、经济、文化、社会的历史与现状，重在突出当地“名”与“特”的内涵，从而达到执简驭繁、文约事丰、易于阅读、利于普及的目的。

三、时间断限　为全面反映入志事物发展脉络，各志上限追溯至事物发端，下限一般断至各镇志启动编修年份，个别重大事项可延至搁笔。详今明古，着重反映时代特色和地方特点，重点体现各镇的“名”与“特”。

四、记述范围　记述地域范围以下限年份的行政辖区为主。为体现名镇在更大区域内的意义，可以从更开阔的区域视野记述与该镇相关的内容。

五、总体结构　统一采用纲目体，设类目、分目、条目三个层次。横排门类，纵述史实。所设类目除《中国名镇志丛书基本篇目》要求的必设内容外，个别事项根据本镇实际情况适当作升格或降格处理。

六、体裁形式　综合运用述、记、志、传、图、表、录等各种体裁，以志体为主。体裁运用适当创新，篇目设置不求面面俱到，一般意义上的乡镇级内容可简略记述。

七、语言文体　除引用文字和附录文献资料外，统一使用规范的现代语体文记述，行文力求朴实、严谨、简洁、流畅，具有较强可读性。

八、人物载录　人物类目设人物传略、名人与 ×× 镇、人物表录等分目。人物传略遵循“生不立传”原则，选录对本镇发展有重大影响者，按生年排序。名人与 ×× 镇记述在政治、经济、文化、社会等方面有重大影响的著名人物（政治家、艺术家等）在本镇的活动历史片段。同时，在其他类目中采用以事系人的方式介绍人物。

九、图照表格　志中随文配图，图下设文字说明，图文并茂。表格统一编排序号。

十、数据　各项数据一般采用国家统计部门数据。数据缺乏的，采用主管部门或主办单位正式提供的数据。

十一、计量单位　采用国务院 1984 年 2 月发布的中华人民共和国法定计量单位。历史上使用的计量单位，如斗、石、里、尺、磅、华氏度等，在引文时照录，并以类目为单位首次出现时应加注。

十二、纪年　中华民国成立前的纪年，使用朝代年号纪年，括注公元年份；中华民国成立后的纪年，均使用公元纪年。志中所称“解放前（后）”，以该镇解放日为界；“新中国成立前（后）”，以中华人民共和国成立日 1949 年 10 月 1 日为界；“改革开放前（后）”，以 1978 年 12 月中共十一届三中全会召开为界。“×× 年代”，凡未加世纪者，均指 20 世纪。

十三、称谓　记事概以第三人称记述。人名直书其姓名，必要时冠以职务职称。地名以现行标准地名为准。如使用历史地名，于首次出现时括注现行地名。各个历史时期的党派、团体、组织、机构、职务等均以当时名称为准。对于称谓过长而又频繁使用者，于首次出现时使用全称并同时括注简称，之后使用简称。

十四、数字、标点　遵循国家标准和出版规定，志中数字书写以 GB/T 15835—2011《出版物上数字用法》为准，使用标点符号以 GB/T 15834—2011《标点符号用法》为准。

十五、本凡例对于各镇志编纂中的未尽事宜，在“编纂始末”中予以说明。

目　录

概述

LOCAL RECORDS OF DAYUGOU

大峪沟镇总面积96平方千米，南倚嵩岳，北临黄河，连霍高速、徐兰高铁、310国道穿境而过。东邻荥阳市和小关镇，南接涉村镇，西与北山口镇、站街镇毗连，北与河洛镇接壤。辖21个行政村、1个居委会，人口4.1万人。先后荣获国家卫生镇、中国文化旅游名镇、河南省文明镇、河南省科技示范镇等荣誉称号，是巩义市东部一颗璀璨的明珠。

大峪沟镇历史悠久，远在新石器时代就有人类生活。东汉永平七年（公元64年），印度高僧摄摩腾、竺法兰在美丽清幽的青龙山修建了千年古刹慈云寺。汉唐以来，大峪沟归巩县管辖。明清时期，移民迁徙，人烟稠密。

1944年12月，中国共产党领导的八路军豫西抗日先遣支队在巩县大峪沟镇的南部、北部山区，分别建立了巩县第五、第六抗日民主区政府，领导人民展开了艰苦卓绝的抗日

千年古刹慈云寺

对敌斗争。作为革命老区，大峪沟地处八路军抗击日本侵略军的前哨阵地，是敌我双方拉锯争夺的战场，八路军先后与日伪军在磨盘山、康坟、伏山、青狮山等地发生战斗。

1948 年 4 月 7 日，大峪沟镇解放。4 月中旬，巩县第二（孝义）区人民政府建立，辖民权、钟岭、黑龙潭、薛庄、桥沟等村。5 月下旬，巩县第五（城关）区人民政府建立，辖大峪沟村、海上桥、王河、柏林、杨里、杏花村、董陵、韩闵、三官庙、和沟等村。11 月中旬，巩县第八（米河）区人民政府建立，辖将军岭村。1952 年冬，巩县第九（玉皇庙）区人民政府建立，今大峪沟镇现辖范围始成一体。1956 年，撤区建乡。1990 年，撤乡建镇。

大峪沟镇产业兴旺。境内铝矾土、耐火黏土、高岭土等矿产资源储量丰富。镇政府坚定不移实施“工业强镇”发展战略，坚持转型升级、创新发展，以招商引资、项目建设为重点，总投资 450 亿元的融创云智小镇、慈云小镇项目有序推进，投资 155 亿元的浙江大

十一科技光伏电站

南山旅游通道　焦书欣　摄

河南省森林公园——青龙山 庞尚义 摄

学科技园项目成功落地，投资 8 亿元的十一科技巩义兴元大峪沟 40MW 光伏发电等一批上亿元项目相继投产。目前，大峪沟镇有工业企业 200 多家，以耐材、冶金、煤炭、机械制造等传统产业为主，其中规模以上企业 21 家，年销售收入亿元以上企业 8 家。2018 年，全镇一般公共预算收入完成 26875 万元，规模工业企业增加值累计增速 6.2%，5000 万元以上固定资产投资完成 42.9 亿元，引进资金 17.8 亿元。

大峪沟镇基础设施完善。镇政府全力实施“安居工程、畅通工程、环境工程”，推进城镇精细化管理，不断完善基础设施和公共服务设施。投资 3 亿多元新建和改建了南山旅

大峪沟镇党建主题公园

游通道、大薛路、钟民路等村组道路160余千米，“四纵四横”交通路网基本形成，群众出行更加便捷。城镇建成区面积达2.5平方千米，常住人口近2万人。

大峪沟镇历史文化底蕴深厚。境内有全国重点文物保护单位1处，河南省文物保护单位1处，郑州市文物保护单位1处，巩义市文物保护单位5处。国家AAA级旅游景区郑州市青龙山慈云寺景区，千岩竞秀，万壑争流，峰峦联亘，涧溪萦回，为河南省级森林公园。慈云寺始建于东汉永平七年（公元64年），被誉为“释源祖庭”“华夏作寺之始”。全国传统村落海上桥村以传统的硬山式建筑以及豫西典型窑洞建筑为主，大部分建于清中晚期，占地面积22400平方米。清华美院、中央美院、鲁迅美院等29所高校在此建立写生实习基地，成为远近闻名的“画家村”。

大峪沟镇乡风文明。采取光伏扶贫、旅游扶贫等措施，凝聚精准脱贫正能量，全镇建档立卡贫困户194户461人脱贫增收，人均年收入超过8000元。提升教育基础设施；推进“厕所革命”，加强公共卫生服务；开展“雨露计划”技能培训，增强了广大群众的获得感和幸福感。深入推进新时代文明实践活动，村村设立文化墙，开展形式多样的快乐星期天、红色文艺轻骑兵等活动。公共文化服务体系不断完善，镇村文化大院成为群众的“文化乐园、精神家园”。大峪沟镇被评为河南省文明镇，14个村被评为巩义市文明村，4个单位被评为巩义市文明单位、文明景区，形成了人人崇尚、关注、践行文明的良好社会风尚。

大峪沟镇生态宜居。坚持以人民为中心，以实施乡村振兴战略为着力点，践行“绿水青山就是金山银山”的发展理念，开展蓝天、碧水、清洁、增绿“四项专项治理”，发展全域旅游，建设了光伏树主题公园、石龟河生态园区。积极推动基础设施互联互通、公共服务共建共享，建成一批“生态宜居村庄美、兴业富民生活美、文明和谐乡风美”的美丽乡村。大峪沟镇森林覆盖率达 35%，被评为河南省园林城镇、林业生态镇。民权村被评为全国美丽乡村、河南最美乡村。

进入新时代，大峪沟镇坚持把深入学习贯彻习近平新时代中国特色社会主义思想作为首要政治任务，以党的建设高质量推动经济社会发展高质量。推进“两学一做”学习教育常态化、制度化，开展支部主题党日、“万名党员进党校、锤炼党性铸忠诚”、“党员星级评定”等活动，建成党建主题公园、岳杨河“红色文化长廊”。目前，大峪沟镇党委下辖 22 个农村支部、7 个非公企业及社会组织支部、1 个机关支部，党员 1758 名，党组织和党的工作覆盖率达到 100%。

一幅转型发展的壮丽画卷正在大峪沟镇这片土地徐徐展开。大峪沟镇探索走出一条生产发展、生活富裕、生态良好的绿色发展道路，扬起奋进的风帆，驶向波澜壮阔的新时代。

基本镇情

LOCAL RECORDS OF DAYUGOU

建置区划

镇名由来

大峪沟位于浅山丘陵地区，原为原始森林，东泗河的源头之一——石龟河流经这里，年深日久，河道渐宽，形成了一段比较开阔的谷地，因山势取名大峪沟。镇以沟名，沿用至今。

建置沿革

汉唐以来，大峪沟镇域一直归巩县管辖。

明朝，今大峪沟镇分属坊郭保和赵封保管辖。

清朝，实行巡检制，今大峪沟镇分属坊郭里、坊赵里和神地里管辖。

道光元年（1821 年），巩县改为仁里、义里、礼里、智里、信里，今大峪沟镇属仁里管辖，每里分十甲，柏林以北为下五甲，王河以南为上五甲。

大峪沟镇区

1912年，改巡检制为区分制，巩县分五里为十区，今大峪沟镇分属柏庙、小关、芝田3个区管辖。

1931年，巩县并为6区、180乡、6镇，今大峪沟镇分属一区、二区管辖。

1935年，巩县改为三大区，今大峪沟镇由一区管辖。一区下设22个联保，分属桐柏联保、大中联保、新民联保和新金联保管辖。

1941年，巩县改区为9乡1镇，废除联保。今大峪沟镇分属大新乡和东鲁乡管辖。

1948年4月，巩县解放后，今大峪沟镇所辖范围分属巩县第二、第五、第八区人民政府管辖。

1952年10月，今大峪沟镇现辖范围合并，归巩县第九区政府管辖。

1956年2月，巩县撤区改为中心乡制，今大峪沟镇现辖范围分属玉皇庙乡、新山乡、杨里乡、白河乡管辖。

1957年8月，恢复区政府，由玉皇庙区管辖。

1958年6月，玉皇庙区分为杨里乡和大峪沟乡。

1958年10月，合并成立人民公社，公社机关迁大峪沟，改为大峪沟钢铁人民公社。

1959年3月，更名为大峪沟人民公社。

1961年5月，缩小公社，改为大峪沟区。大峪沟区辖王河、董陵、新山、鲁村4个公社。大峪沟公社所属薛庄、黑龙潭、大峪沟、钟岭、张沟、刘沟、寨坡7个大队划归上街区。

1963年3月，恢复人民公社，王河、董陵、新山3个公社合并为玉皇庙人民公社。

1965年4月，大峪沟人民公社划归巩县，与玉皇庙人民公社合并为大峪沟人民公社，社址为大峪沟。

1968年2月，大峪沟人民公社革命委员会成立。

1981年9月，成立大峪沟人民公社管委会。同年，县办大峪沟煤矿设立大峪沟煤矿农业办公室，将磨岭、岳寨、玉皇庙、胡家沟划归矿农业办公室管理。

1983年年底，大峪沟人民公社改为大峪沟乡，所辖大队改为村。

1984年2月，大峪沟煤矿农业办公室更名为大峪沟矿区办事处，归大峪沟矿务局领导和管理。

1990年2月15日，大峪沟撤乡改镇，实行镇管村制。

1994年11月，刘沟村和寨坡村的第1村民小组划归竹林镇管辖。

1997年7月，大峪沟矿区办事处与大峪沟镇合并，称大峪沟镇。

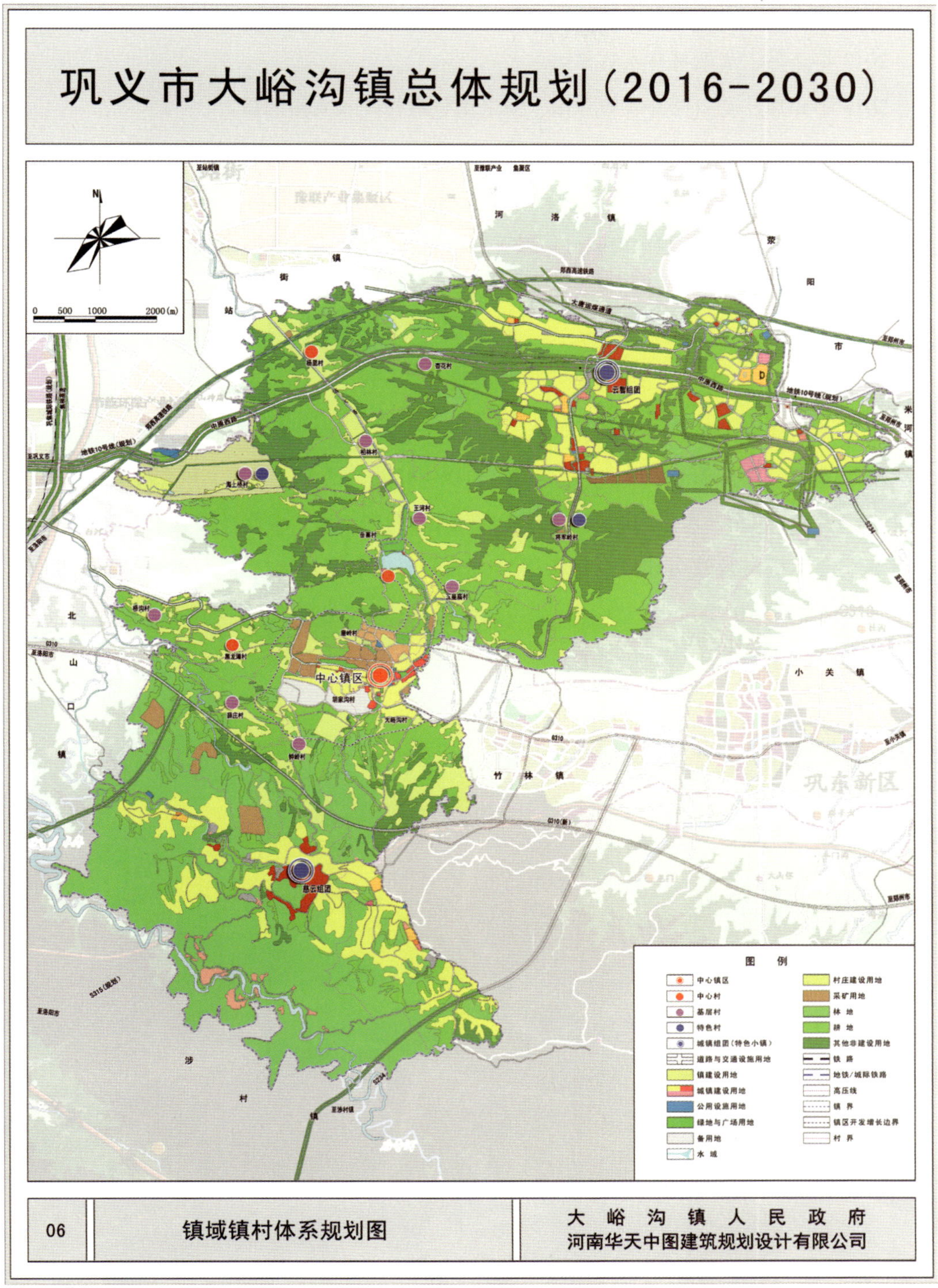
巩义市大峪沟镇总体规划（2016-2030）
N
0 500 1000 2000(m)
中心镇区
云智组团
慈云组团
图例
中心镇区
中心村
基层村
特色村
城镇组团（特色小镇）
道路与交通设施用地
镇建设用地
城镇建设用地
公用设施用地
绿地与广场用地
备用地
水域
村庄建设用地
采矿用地
林地
耕地
其他非建设用地
铁路
地铁/城际铁路
高压线
镇界
镇区开发增长边界
村界
小关镇
竹林镇
巩东新区
06
镇域镇村体系规划图
大峪沟镇人民政府
河南华天中图建筑规划设计有限公司

镇域镇村体系图

2006 年 6 月，张沟村并入竹林镇。

2013 年 7 月，寨坡村并入竹林镇。

2019 年 6 月，新山村并入竹林镇，河洛镇官殿村并入大峪沟镇。

2019 年年底，大峪沟镇辖 21 个行政村、1 个社区，人口 4.1 万。分别是：民权村、薛庄村、桥沟村、黑龙潭村、钟岭村、海上桥村、杏花村、杨里村、柏林村、王河村、岳寨村、玉皇庙村、将军岭村、董陵村、韩冈村、三官庙村、和沟村、磨岭村、胡家沟村、大峪沟村、官殿村和镇中社区。

村庄社区

海上桥村 位于镇政府西北 5 千米处，面积 4.82 平方千米。辖海上桥、吕家山、南沟、坡池坑、后沟、柏沟、水泉沟 7 个自然村，有 16 个村民小组，主要姓氏有王、张、刘等。2018 年，海上桥材被住房和城乡建设部公布为第五批中国传统村落，村内明清民居建筑群为河南省文物保护单位。

海上桥村

桥沟村 位于镇政府西6千米处，面积0.85平方千米。辖桥沟、天生院2个自然村，有4个村民小组。主要姓氏有康、张、焦、邵等。

黑龙潭村 位于镇政府西3千米处，面积1.71平方千米。因有古泉积水成潭，潭深，呈黑色，故为村名。辖黑龙潭、庙沟、苇园沟3个自然村，有6个村民小组。主要姓氏有王、张、康、杨等。村内有老君庙、火神殿等古迹。

钟岭村 位于镇政府西南1.2千米处，面积3.07平方千米。辖钟岭、石榴院、宋沟3个自然村，有7个村民小组。主要姓氏有王、张、李等。村内铝矿石、石灰石蕴藏丰富。本村为抗日根据地、革命老区。

薛庄村 位于镇政府西南2.5千米处，面积3.82平方千米。辖薛庄、雷沟、麻沟、小白庄、杨家冋、牛家冋6个自然村，有7个村民小组。主要姓氏有孙、王、杨、张、刘、白、李、康等。村内兴办有石料、炉材等企业，核桃为其主要特产。

大峪沟村 位于镇政府东南200米处，面积2.8平方千米，历来是大峪沟公社、区、乡、镇、矿务局驻地。辖大峪沟、南大路、岳家沟、火石岭、石龟河、学冋6个自然村和富康苑、锦绣花苑、峪秀花苑、鸿福山庄等住宅小区，有5个村民小组。主要姓氏有张、李、王、温、刘、

薛庄村

大峪沟村

阎、崔、单、吴、孙、曲、马、韩等。村内设有文化广场、舞台、游园等设施，镇初中、小学、幼儿园、卫生院、电管所、邮政所、派出所亦在本村境内。

胡家沟村 位于镇政府西200米处，面积0.16平方千米。有2个村民小组。主要姓氏有温、刘、张、胡等。居民以务工、务农、经商为主。村内有1条商业街，设有小学、幼儿园、卫生室等公共服务设施。

玉皇庙村 位于大峪沟镇政府北2千米处，面积2. 63平方千米。村中有玉皇庙，因此得名。辖滑沟口、项岭、小里沟、堰沟口、里堰沟、花桥、前闸、李家庄、竹竿园（砂锅窑坡）、庙里、庙外11个自然村，有11个村民小组。主要姓氏有张、王、李、胡、刘、赵、马、曹等。

将军岭村 位于镇政府东北5千米处，面积7.8平方千米。相传刘秀被王莽追赶，路经此地，得名将军岭。辖将军岭、北岭、南岭、大西沟、张岭、马岭、曹岭、胡家沟、张家闸9个自然村，有12个村民小组。主要姓氏有张、胡、王等。

磨岭村 位于镇政府西北2千米处，面积0.85平方千米。地处磨盘山主峰（海拔432米）东坳二岭交汇处，当地群众称为磨湾岭，后简称磨岭。辖磨岭、王家闸、栗子沟、牛家园4个自然村，有4个村民小组。主要姓氏有王、刘、岳、郅等。

岳寨村 位于镇政府北3千米处，面积3.53平方千米。辖岳里、岳外、谷庄、石圪节、马蜂沟、安西沟、姜上洼、姜下洼、岳家闸、曹家洼10个自然村，有12个村民小组。主要姓氏有岳、张、董、赵、谷、巴等。村内有岳杨湖，风景甚佳。

王河村 位于镇政府北4千米处，面积4.3平

方千米。辖王河、致富沟、光明沟、侯山沟、王坡、常沟、堰沟 7 个自然村，有 11 个村民小组。主要姓氏有王、常、赵、钟、张、李等。

柏林村　位于镇政府北 4.5 千米处，面积 2.85 平方千米。辖 9 个村民小组。主要姓氏有张、王、刘、李、孙、温、孟、贺等。村内有魁星楼等古迹。

杏花村　位于镇政府北 7 千米，面积 5 平方千米。辖圪嵺峪、小张沟、北沟 3 个自然村，有 9 个村民小组。主要姓氏为张姓。

杨里村　位于镇政府北 5 千米处，面积 5.22 平方千米。1952 年，由杨饭店、桐花沟和八里庄 3 个自然村合并而成，取杨饭店之“杨”和八里庄的“里”，合成村名。辖南庄、北庄、西庄、八里庄、桐花沟、塔沟、侯西、杨饭店 8 个自然村，有 16 个村民小组。主要姓氏有张、宋、李等。

董陵村　位于镇政府东北 8 千米处，面积 4.55 平方千米。地处东、西侯山和伏山之间，辖董陵、西庄、侯北、柿洼、姜树咀、西沟、贺沟、东坡、柴沟、伏山沟 10 个自然村，有 15 个村民小组。主要姓氏有贺、李、张、许等。境内有董丞相陵等古迹。曾特产磨刀石，远近闻名。

岳寨村 慎广建 摄

韩闸村 位于镇政府东北 8.5 千米处，面积 4.46 平方千米。辖韩闸、茅草咀、谢坡、高处闸、东沟、秦押窑、外河、杨泉、小西沟、山神庙 10 个自然村，有 14 个村民小组，主要姓氏有杨、谢、许等。

柏林村

董陵村

三官庙村 位于镇政府东北 13 千米处，面积 4.01 平方千米。原名褚岭，后因村中有三官庙而更名。辖秦冽、马蹄潭、北邦、北凹、北沟、当中沟、池脑、桐树咀、里河 9 个自然村，有 9 个村民小组。主要姓氏有王、许、付、秦、牛、赵等。

和沟村 位于镇政府东北 16 千米处，面积 3 平方千米。辖和沟、柿园、岳湾、南顶、五里坡、暖沟 6 个自然村，有 10 个村民小组。主要姓氏有王、黄、乔、陈等。

民权村 位于镇南深山 5 千米处，面积 15.38 平方千米。1921 年，当地 24 个自然村联合取名民权。辖元帅池、过路沟、曹家岭、赵兰沟、巴家冽、崇信沟、崔庄、白庄、黄庄、砖窑冽、李家冽、兰洼、白洼、和尚坟、凤凰台 15 个自然村，有 16 个村民小组。主要姓氏有李、刘、孙、曹、崔、白等。境内有千年古刹慈云寺。

官殿村 位于镇政府东南 26 千米处，面积 10 平方千米。辖官殿、明月坡、牛家寨、枣发沟、杨家冽、椿树嘴、北嘴、杨泉北沟 8 个自然村，有 17 个村民小组。主要姓氏有许、张、荣、牛、杨、樊、雷等。官殿村地势险要，自古为兵家必争之地。境内有牛状元府等古迹。

镇中社区 位于镇政府北 300 米处，面积 1.15 平方千米。辖尚家沟、西沟、外冽 3 个居民组。主要姓氏有尚、闫、刘、李、梁、温、陈、付、郅等。

民权村 张炜 摄

镇中社区 周绿坡 摄

自然环境

地理位置

大峪沟镇位于巩义市东部。东经 113°02′~113°10′，北纬 34°40′~34°46′，总面积 96 平方千米。

地　形

大峪沟镇处于嵩山边缘，境内多山，南有青龙山，当地群众称“南山”；北部有东、西侯山和伏山，中部有磨盘山，西北部有青狮山。境内河流多顺山势而下，出境流入黄河，较大的有东汜河、西汜河、石子河。耕地多系岭地、梯田、沟地。

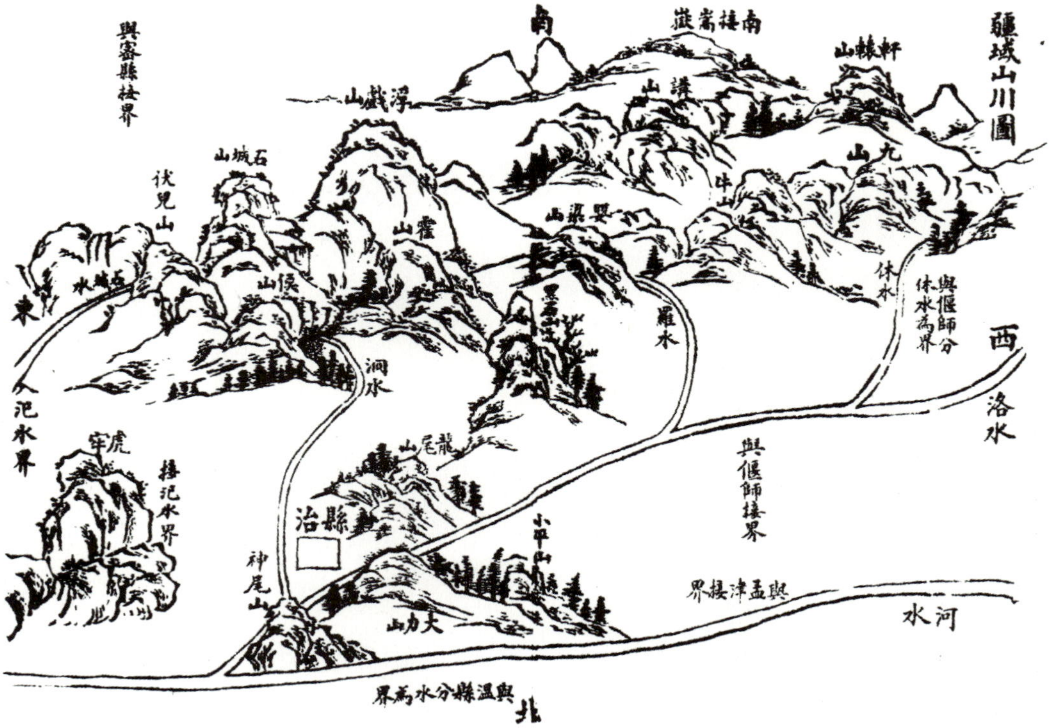

乾隆《巩县志》疆域山川图（1923 年铅印本）

山 脉

青龙山 属五指岭山系。大峪沟镇境内系东青龙山中段，大致为东西走向，海拔 700 米以上，横贯民权、薛庄等村。青龙山山势陡峭，峡谷幽深，奇峰罗列，冈峦起伏。据慈云寺内碑刻记载：“黄河之南，去巩四十里，有山曰青龙。山之势穹窿高耸，玉润之翔，有若盘龙之状。昔宋太祖因山而陵……其山如满月之形，水曲银河之势，内藏玉兔，外列金龟，东有黑龙之潭，西有狮子之岭，南现钵盂峰，有祖师降蛛之处，二老谈经之所，其他奇峰峻岫，叠嶂层峦，壁立万仞者，不可胜计。”

青狮山 又名青堆山、青石山。大致南北走向，系青石断层构造所致，海拔 377 米，北部延伸到站街镇。明嘉靖《巩县志》记载：“青堆山在县东南一十五里，形势耸立，四时青翠，古称青堆。”民国《巩县志》曰：“侯山西北有青堆山，其山四时苍翠，故名”。

侯山（亦称猴山） 东、西侯山合称。东侯山，南北走向，海拔 593 米。西侯山，南北走向，海拔 481 米，山顶有侯山寨，建于清朝末年，今犹存。明嘉靖《巩县志》记载：“猴山在县东南二十里，山高峻如猴，故名。昔晋王亥隐居于此，明帝累征不就，居址石刻尚存。”民国《巩县志》曰：“伏儿山西北五里曰猴山”。侯山产磨石，远近闻名。

青龙山

侯山

伏山

伏　山　又名伏儿山、夫人山、云梦山，海拔 676 米。上有祖师庙和伏山寨。明嘉靖《巩县志》曰：“夫人山在县东南三十里，汉光武帝经此纳左氏夫人，后左氏夫人终于此山，故名。”民国《巩县志》记载：“霍山东北约三十里曰伏儿山。”

磨盘山　海拔 432 米，方圆数里，形如磨盘而得名。

河　流

大峪沟境内河流属伊洛河水系，流入黄河。

东泗河　发源于大峪沟镇南部中王庙北坡的山沟中，在本镇流域面积最大。上游名石龟河，流经大峪沟、玉皇庙、岳寨、王河、柏林、杨里等村，进入站街境内，向北流入伊洛河。境内全长近 10 千米。东泗河为季节河，夏秋水大，冬春水小，干旱时经常干涸。

西泗河　发源于大峪沟镇南部中王庙西，民权、薛庄、钟岭、黑龙潭诸山沟之泉水至北山口水地河汇积成河，流入西泗河。境内部分河道冬春季近于干涸，夏季山洪暴发涌入西泗河。西泗河的支流有黑龙潭河，又称红巴河，水量不大，在西泗河上游，旱时干涸，涝时注入西泗河。

东泗河

西泗河

庙后河 发源于将军岭，流经玉皇庙后沟汇入东泗河。

石子河 发源于五指岭北麓的三峪河和桑树沟。上游名洪河，进入本镇境内为中游，称寺河。出北山口到下游，称石子河。境内长 5 千米多，宽 10~20 米，向北经北山口、孝义流入伊洛河。

董陵河 发源于东侯山贺沟水库，经韩阏流入三官庙水库后入汜水境，为季节性河流。

气 候

大峪沟镇属大陆性季风气候，四季分明。冬季盛行西北气流，天气晴冷、干燥，降雪少，平均气温不足 1℃。每年 12 月至次年 2 月是冬季风的盛行期。春季，天气逐渐回暖，地面冷高压势力减弱，暖湿气流逐渐北移，地面冷暖气团交替，天气变化快，时冷时热。春季平均气温达 14.4℃，空气干燥，雨雪极少，常出现春旱，民间有“春雨贵似油”之说。夏季气温高，天气炎热，平均气温达 26℃以上。全镇年平均气温 14℃左右，夏季最高曾达 40℃以上（1966 年 6 月），持续 7 天之多。冬季最冷 –15℃以下（1969 年 1 月 31 日），持续 9 天之久。年降水量平均 680 毫米左右，年平均湿度在 62% 以上。年平均日照时数为 2338.8 小时，占全年可照时数的 53%。全年无霜期达 230 天以上，植物生长期超过 250 天，一般从 3 月下旬开始至 11 月中旬结束。

大峪沟之春

大峪沟之夏

大峪沟之秋　李崇强　摄

大峪沟之冬

土壤

土　壤

全镇土壤分为银红土、两合土、黑垆土、列礓土、红胶土、白土、红土、黑黏土、黄土、沙土、石渣土 11 个种类，其中列礓土分布最广。

物　产

大峪沟镇地处山区，耕地基本是丘陵梯田，多种植小麦、玉米、谷子、红薯等粮食作物。矿产资源比较丰富，煤炭储藏量较大，还有铝矾土、石灰石、铁矿石、黑矸、白矸、高岭土、瓷石矿、磨刀石等。荒山面积广阔，有利于发展林牧业。

栽培植物　粮油类有小麦、玉米、谷子、高粱、红薯、芝麻、花生、向日葵等。豆类有黄豆、绿豆、豇豆、小豆、豌豆等。菜类有萝卜、白菜、菠菜、芹菜、韭菜、芥菜、番茄、辣椒、蓬蒿等。瓜类有冬瓜、西瓜、南瓜、甜瓜、黄瓜、丝瓜等。树木类有椿、楸、槐、桐、松、柏、杨等。果类有柿子、核桃、枣、苹果、梨、桃、杏、李等。纤维类有麻、线麻等。花卉类有牡丹、芍药、月季、玫瑰、兰花、菊花等。日用类有笤帚、葫芦、竹子、苇子、扫帚等。培植药草有天花粉、紫苏、牵牛子、防风、黄芩、人参、生地等。

麦田

蔬菜种植 李玉枝 摄

野生植物 野菜类有刺角芽、面条菜、羊蹄棵、马齿苋、斋蒜、山韭菜、芦芦葱、灰灰菜、扫帚苗、曲曲菜等。野果类有野葡萄、酸枣、毛桃、沙梨等。杂草类有蒺藜、狼丝、抓地龙、莎草、薄地槐、汪汪狗、风子草、猫猫眼、白草等。中草药有何首乌、蒲公英、防风、香附、阮梓、茵陈、血参等。

饲养动物 家畜有牛、羊、驴、骡、马、猪、狗、猫、家兔等。家禽有鸡、鸭、鹅、鸽等。

野生动物 野兽有黄鼠狼、野兔、松鼠、画眉、猫狸子、老鼠等。留鸟有猫头鹰、啄木鸟、喜鹊、山喜鹊、麻雀等。候鸟有大雁、小燕、布谷鸟等。水生动物有鱼、虾、河蚌、草鱼、螃蟹等。虫类动物有蚯蚓、蜗牛、蚂蚱、蝉、蜻蜓、蝴蝶等。

牧羊

牧归图 张欣伟 摄

人口民族

人口总量

中华人民共和国成立前，由于生活条件普遍较差，人口自然增长率较低。根据民国《巩县志》1929 年统计数字，大峪沟镇人口计 2825 户，14749 人。1949 年后，生活条件日益改善，出现了人口生育高峰。1953 年，全国第一次人口普查，大峪沟镇人口计 5336 户，24900 人；1964 年全国第二次人口普查，计 6227 户，30450 人；1982 年全国第三次人口普查，计 7943 户，35728 人。2019 年，大峪沟镇人口计 10906 户，41696 人。

民族构成

大峪沟镇居民以汉族为主。2019 年，全镇有少数民族 308 人，其中蒙古族 3 人，回族 22 人，藏族 1 人，维吾尔族 1 人，苗族 20 人，彝族 2 人，壮族 4 人，满族 1 人，土家族 202 人，土族 8 人，羌族 44 人。

社会发展

学校教育

明清时期，部分村设有私塾，教材为“四书五经”、《百家姓》、《三字经》等。1911年后，乡村设蒙学，因学生年龄偏大，师生均在校吃饭，也叫“伙房学”，教材仍为“四书五经”。1924年后，教材有改革，设国文、修身、音乐、手工等课程。1935年，私塾逐渐合并为初级小学，各初级小学普遍有两个以上教师，使用新教材。1939年，在玉皇庙设完全小学，校名为大中中心校，招一至五年级学生，共200余人，教职工8人。1944年4月，受日本侵略影响，各村小学停办。1945年8月，日本投降，小学教育相继恢复正常。

1948年4月，巩县解放，每村设国民学校1所，共有小学29所。同年冬，玉皇庙小学更名为巩县第十五完全小学，负责对大峪沟地区的其他小学进行业务辅导。1954年，巩县第十五完校由玉皇庙迁往王河。1956年，民权村、杨里村先后兴办完全小学，学生就近入学。1968年，教师返乡，小学下放到大队主办。1969年，各村办起了“戴帽”初中，小学由六年制改为五年制；筹建五七高中，1973年，更名为巩县第十高中。

改革开放以来，大峪沟教育发生了巨大变化。1990年前后，大兴集资办学，社会各界捐资助教。2009—2013年，对各村小学、初中进行合点布局。2019年，全镇有初中1所（大峪沟镇第二初中），教师85人，学生911人；小学5所（中心小学、矿区小学、董陵小学、杨里小学、岳寨小学）；教学点1个（民权教学点），教师135人，学生1602人；幼儿园2所（乐智源幼儿园和中心幼儿园），教师97人，在园幼儿613人。

大峪沟镇第二初中 大峪沟镇第二初中是一所全日制寄宿公办初中，始建于1988年，占地面积14782平方米，建筑面积12962平方米，绿化面积400平方米。连续多年被评为郑州市师德建设先进单位、现代化建设先进单位、中小学德育工作先进单位等。2003年创办巩义市第一所少年军校，2004年被评为河南省示范家长学校，2010年创办乡村少年宫，2018年被评为全国青少年国防教育示范学校。

董陵小学 董陵小学是一所全日制寄宿公办小学，占地面积14500平方米，校舍建筑面积2100平方米。在校学生80人，任课教师13人。始建于1968年，当地群众自筹资金在董陵村口及贺沟建起土石砖瓦结构教室共30间。董陵小学积极开展花样跳绳项目，2017年被评为河南省中小学体育艺术“一校一品”示范学校。

大峪沟镇第二初中

董陵小学花样跳绳

乐智源幼儿园

乐智源幼儿园　乐智源幼儿园是一所公办幼儿园，于 2012 年投入使用。占地面积 9600 平方米，建筑面积 5715 平方米。现有 18 个教学班，教职工 61 人，在园幼儿 447 名。2017 年被评为“郑州市示范性幼儿园”，2018 年被评为河南省幼儿园“一园一品”示范园，2019 年入选河南省“百城千园 家园共育工程”项目试点幼儿园。

医疗卫生

1949 年以前，大峪沟当地医疗卫生条件差，远远不能满足广大人民治病需要。1949 年后，医疗卫生事业快速发展。1952 年，在岳寨建立巩县第九区卫生所。1958 年，在玉皇庙成立地段医院，1965 年迁址大峪沟。改革开放以来，加强基层公共卫生服务，加强计划免疫管理，城乡居民医疗保险规范运行，每年对 65 岁以上老人进行免费体检。截至 2019 年 10 月，大峪沟镇有精神病院 1 所，镇级卫生院 2 所，村级集体卫生室 22 家，乡村医生 42 名。

大峪沟镇卫生院　大峪沟镇卫生院是一级甲等卫生院，现有职工 40 人，其中副高级职称 3 人，中级以上卫生技术人员 7 人，初级卫生技术人员 18 人。设有内科、外科、骨科、妇产科、中医科、口腔科、公共卫生科、化验室、心超科、放射科等科室，承担全镇居民的基本医疗、预防保健、公共卫生服务等职能。

安康精神病医院 安康精神病医院是巩义市唯一一所精神病防治专科医院。2016年3月开业接诊，集医疗、教学、科研、预防、康复、保健为一体，是河南省精神病院分院，被评定为巩义市精神智力残疾人鉴定中心、巩义市精神智力残疾人托养中心。

大峪沟镇卫生院义诊

大峪沟镇卫生院

群众文化

中华人民共和国成立后，大峪沟公共文化事业蓬勃发展。1952 年成立文化站，1969 年建立广播站，1980 年建成影剧院。截至 2018 年年底，全镇有综合文化站 1 所，标准文化大院和农家书屋 22 个，业余文艺团队 37 支。大峪沟镇综合文化站被定为河南省标准综合文化站。岳寨村、韩闲村、玉皇庙村、薛庄村、杏花村、海上桥村、胡家沟村、王河村、和沟村等 11 个村级文化大院被评为郑州市示范农村文化大院。文化大院每年利用元旦、春节、“七一”、国庆等重大节日举办各类文化娱乐活动上百场次，丰富了群众文化生活。近年来，开展了“党的创新理论万场宣讲进基层”“百姓宣讲直通车”“红色文艺轻骑兵”“消夏文化广场”等活动。

大峪沟镇综合文化站 大峪沟镇综合文化站于2011年10月建成并投入使用，投资320万元，占地面积46600平方米。有文化活动广场、图书阅览室、电子阅览室、综合活动室、文化讲堂、室外标准操场、篮球场等设施，对群众免费开放。

社会保障

中华人民共和国成立后，大峪沟地方政府一直对困难群众给予帮助。1960年，在海上桥办敬老院，入住孤寡老人40多名，生活高于一般社员。对不愿意集中养老的孤寡老人，政府每年给予一定的生活补助。对经济困难的家庭，给予经济、就业等扶持。

改革开放以来，大峪沟镇社会保障事业快速发展，建立以城乡居民最低生活保障制度

大峪沟镇综合文化站 慎广建 摄

闹元宵

大峪沟镇篮球赛

为基础的社会救助体系，困难群众基本生活得到保障；积极开展社会捐助和慈善事业，落实各项优抚安置政策。2019 年，大峪沟镇获得巩义市慈善工作先进单位荣誉称号。

岳杨湖养老院 位于岳寨村，建于 2013 年，占地 34 亩，建筑面积 15400 平方米，床位 350 张，绿化面积达 60% 以上。常年开设书法班、养生班、戏曲班、手工班、种植班，丰富老人精神文化生活。2016 年，岳杨湖养老院被评为巩义市文明单位。

岳杨湖养老院 慎广建 摄

居民生活

1949年前，大峪沟山多地少，土地贫瘠，水利条件差，乡村贫苦，农民长年靠天吃饭。

1949年后，广大人民群众翻身得解放，群众分得了赖以生存的土地，生活得到了基本保障。之后，经过互助合作化、合作社、人民公社等各个时期，生产发展，人民生活水平有了较大提高。

改革开放以来，大峪沟镇经济社会快速发展，人均收入逐年递增。随着城镇化进程不断推进，村民衣食住行发生了巨大变化。村民入住新型社区，购置了沙发、组合柜、彩电、冰箱等家具、家电，鸡、鸭、鱼、肉、蛋成为日常膳食，衣着也由粗布、平布到条绒、涤纶、毛料和棉麻等，电动车、摩托车、小轿车等现代交通工具较为普遍。据统计，截至2018年年底，全镇小汽车保有量超过10000辆，城乡居民人均可支配收入达23069元，年均增速11%。

精神文明创建

20世纪60年代，大峪沟积极响应毛主席号召，在全镇兴起“向雷锋同志学习”活动。80年代以来，开展了“五讲四美三热爱”、评选“十星级文明户”“身边好人”、创建

岳寨村新型社区

文明村镇、文明单位、“三讲一树”（讲文明、讲卫生、讲科学、树新风）、“百里文明长廊”等活动。

进入新时代，大峪沟镇积极培育和践行社会主义核心价值观，实施群众文明素质提升工程，深化群众精神文明创建活动，开展了“践行价值观　文明我先行”，学雷锋志愿服务，好媳妇、好公婆、美德少年等评选活动。2016 年，大峪沟镇被评为河南省文明镇。到 2019 年，全镇有巩义市文明单位 3 个、文明景区 1 个、文明村 14 个，涌现出“中国好人”1 人、郑州市文明市民 3 人。

培育和践行社会主义核心价值观　加强社会主义核心价值观宣传教育。设置社会主义核心价值观公益广告 630 多处，其中在 G310 高速公路、中原西路、南山旅游通道等地设置 31 处，镇综合文化站及各村设置 400 多处，镇区设置 200 多处。全镇 22 个村（居委会）普遍建起新时代文明实践站，开展志愿服务、经典诵读、节日民俗、文化娱乐和体育健身等活动。开展“我们的节日”活动，春节期间，开展“暖暖新年　义写春联”志愿服务；

党建主题文化公园

清明节，开展“网上祭英烈”“缅怀革命先烈　珍惜幸福生活”扫墓活动及群众文明祭祀活动；端午节，开展“粽情端午”、文明志愿者送爱心等活动；中秋节，开展“经典诵读”“孝老敬亲”志愿服务活动；重阳节，举行“共度重阳节　全面奔小康”文艺汇演、走访慰问百岁老人等活动。

加强公民道德建设　实施公民道德建设工程。开展了文明家庭、好公婆、好媳妇、孝心子女评选，寻找“最美家庭”、书香家庭，好家风好家训传播等活动。各村（居委会）大力推进“一约五会”建设，完善村规民约，健全村民议事会、道德评议会、红白理事会、禁毒禁赌会、孝善理事会。

“五彩”志愿服务　2018 年以来，大峪沟镇大力弘扬“奉献、友爱、互助、进步”的志愿服务精神，每周六开展“五彩”志愿服务项目。以各党支部、党代表工作室、党代表活动小组为依托，开展以“服务群众、服务基层、服务社会、服务发展”为主要内容的“红色党员先锋志愿活动”。以镇卫生院、安康医院的医务工作者为主体，深入开展义诊、

薛庄村文化墙

董陵村文化墙

经典诵读

健康咨询、健康知识培训、保健常识宣传等“白色健康生活志愿服务活动”。以政法干警、镇机关志愿者为主体，在主次干道交通路口开展“蓝色文明交通志愿服务活动”，劝阻机动车辆、非机动车辆、行人文明出行。以全镇环卫工人、园林工人、辖区群众为主体，深入商业街区、路段，游园、文化广场等场所，开展垃圾清理、卫生维护、植绿护绿等“绿色环境保护志愿服务活动”。以各群团组织、社会各志愿组织为主体，开展空巢老人、留守儿童、残疾人、低收入等弱势群体的“橙色扶贫助困志愿服务活动”，开展留守儿童“合力监护　相伴成长”专项行动，为残疾人、农民工送温暖。截至 2019 年 10 月，大峪沟镇建设志愿服务站 26 个，注册志愿者人数 4000 多人。

乡镇建设

镇区建设

1990 年，大峪沟撤乡建镇后，镇卫生院、派出所、农行、农商行、幼儿园等一批公共服务设施相继建成并投入使用，峪秀花园、鸿福山庄等一批住宅小区和岳寨、胡家沟、杨里、韩阙等一批农村新型社区相继建成，党建主题公园、法治主题公园、石龟河生态园、光伏树主题公园成为群众喜爱的休闲健身场所。目前，城镇建成区面积达 2.5 平方千米，常住人口近 2 万人。

道路交通

1949 年以前，大峪沟地区有 2 条道路，运输工具主要为独轮车。1949 年以后，交通事业发展迅速。1956 年，建设郑洛公路、巩槐公路。1983 年 11 月，孝大铁路建成通车。截至 1985 年年底，大峪沟镇有铁路 1 条，国家公路 2 条，乡级公路 4 条。1995 年，郑洛高速公路通车。2010 年，徐兰高铁通车。2017 年，巩义市南山旅游通道建成。2018 年，中原西路通车。2015 年以来，大峪沟镇累计投资 3 亿多元新建和改建了韩张路、钟民路等村组道路 320 千米，全镇“五横五纵”路网基本形成。2019 年，投资 100 万元在 G310 高速公路大峪沟段安装光伏路灯，实现国道大峪沟段夜间亮化。

大峪沟镇夜景

峪秀花园

法治主题公园

南山旅游通道

中原西路

韩张路

钟民路

供　水

新中国成立初期，群众饮用水源主要为井水。20 世纪 50 年代以后，政府开始打井解决全镇群众饮水问题。2002 年，从民权村铺设 10 千米管道引水到镇区。2003 年，引黄河水到大峪沟镇。目前，全镇群众吃上了自来水，现有机井 142 眼。

供　电

大峪沟镇供电充足。现有变电站 3 个，其中，20 世纪 60 年代建成 35 千伏大峪沟变电站，2008 年在王河村建成 110 千伏凯旋变电站，2019 年建成 110 千伏云智变电站。

大峪沟饮用水工程

供　气

20 世纪 80 年代前，群众及单位主要使用散煤、型煤做饭。2014 年，开始供给天然气。2017 年，加大烟尘治理力度，拆除锅炉及燃气灶。2019 年，政府出台政策，鼓励用燃气替代燃煤，已有 9 个村用上了燃气。

排　水

2010 年，河大煤业建成 210 吨污水处理厂和 20 吨生活污水处理厂。2011 年，镇区建成 500 吨污水处理厂。2013 年，在王河村建成 500 吨污水处理厂。2016 年，在董陵村建成 400 吨污水处理厂。全镇污水得到无害化处理。

绿 化

1997年以来，大峪沟镇掀起植树造林高潮，绿化10920亩，其中荒山造林3200亩、退耕还林1820亩、生态林3500亩、经济林2400亩，森林覆盖率达到35%。2009年，民权村被评为郑州市林业生态村；2011年，岳寨村被评为郑州市林业生态村；2013年，新山村被评为郑州市林业生态村。2014年，大峪沟镇被评为河南省绿化模范镇、省级生态镇。

光伏树主题公园 2018年，信息产业电子第十一设计研究院科技工程股份有限公司在大峪沟镇建成全国首个光伏树主题公园。“光伏树”为该公司专利发明项目，是光伏发电的高度智能集成。“光伏树”将榕树、红枫、银杏、紫荆等

大峪沟绿化之一 焦金辉 摄

大峪沟绿化之二

大峪沟绿化之三　石保定　摄

光伏树主题公园

多种造型与光伏组件完美结合，制成仿生型光伏发电产品，具有景观性强、集成度高、灵活方便、扩展性好等优点。既能发电产生经济效益，又有良好的景观效应。

该项目于 2017 年 12 月开工，依托岳杨湖经济带，结合历史文化、民风民俗等地域元素，建成全国首个集科技、文化、休闲、美食于一体、富有特色的“光伏树主题公园”。

环卫管理

近年来，大峪沟镇以农村垃圾、污水治理和村容村貌提升为主攻方向，突出抓好生活垃圾和污水治理，开展“厕所革命”，持续完善基础设施，组建专职环卫队伍，人居环境进一步优化。在镇区管理上，实行机械化清扫与人工清扫相结合，精细化保洁，定时段清洗，全方位洒水，确保街道干净整洁。2019 年，全镇有保洁人员 150 人，各类垃圾清运车辆 8 辆，多功能洗扫车 1 辆，洒水车 3 辆，各种垃圾箱 2000 个，集中式垃圾收集点 2 处，垃圾中转站 1 座。

薛庄村村容村貌提升

岳寨村村容村貌提升 焦书欣 摄

党建政事

中共大峪沟镇委员会

1944年11月，皮定均率豫西抗日先遣支队到大峪沟镇南部山区开辟抗日根据地。

1945年，在钟岭村建立中共巩县第五区委员会。

1952年，在玉皇庙村建立中共巩县第九区委员会。

1958年8月，成立中共巩县大峪沟人民公社委员会，办公地址在玉皇庙村；当年10月迁往大峪沟村，改为中共巩县大峪沟钢铁人民公社委员会，建党校；12月，改为中共巩县大峪沟人民公社委员会，增设纪律监察委员会。

1961年，成立大峪沟区公所，成立中共巩县大峪沟区委。

1962年，辖4个公社党委、45个农村党支部和区直属3个党支部。

1963年，成立玉皇庙公社党委、大峪沟公社党委。

1965年，玉皇庙、大峪沟公社党委合并为大峪沟公社党委。

1968年2月，成立大峪沟人民公社革命委员会。

1972年，成立中共巩县大峪沟人民公社委员会。

1983年，大峪沟人民公社改为乡，成立中共巩县大峪沟乡委员会。

1990年，撤乡建镇，成立中共巩义市大峪沟镇委员会。

2019年，大峪沟镇党委下辖22个农村支部，7个非公企业及社会组织，1个机关支部，党员1758名，党组织和党的工作覆盖率达到100%。

党建主题公园 2017年，大峪沟镇建成巩义市第一个党建主题文化公园，打造集思想教育、休闲健身、陶冶情操于一体的党群教育基地。主题公园由伟大中国梦、魅力大峪沟、党史文化长廊、廉风乐章、新梦想新力量、优秀共产党员风采等六部分组成。党史文化长廊展示了中国共产党诞生以来的伟大光辉历程，教育广大党员不忘初心、牢记使命。

党建主题公园之一

党建主题公园之二

大峪沟镇人民政府

1948 年，巩县解放，大峪沟地区分归巩县二区（孝义）、五区（城关，今站街）、八区（米河）人民政府管辖。

1952 年 10 月，在玉皇庙村成立巩县第九区人民政府。

1953 年，成立巩县第九区公所。

1956 年 2 月，撤区并乡，建立玉皇庙中心乡人民委员会。

1958 年 10 月，成立大峪沟钢铁人民公社。

1961 年 5 月，公社体制调整，大峪沟钢铁人民公社分成 4 个公社，成立大峪沟区公所。

1963 年，分设玉皇庙公社、大峪沟公社。

1965 年 4 月，玉皇庙公社、大峪沟公社合并，成立大峪沟公社。

1968 年 2 月，成立大峪沟人民公社革命委员会。

1981 年，公社、大队重新成立管理委员会。

1983 年，人民公社体制改革，实行党政分设，建立大峪沟乡人民政府，大队改为村。

1990 年 2 月，撤乡建镇，改为大峪沟镇。

1997 年 7 月，大峪沟矿区办事处和大峪沟镇合并，统称大峪沟镇。

2019 年，大峪沟镇下辖 21 个行政村（民权村、钟岭村、薛庄村、黑龙潭村、桥沟村、磨岭村、海上桥村、岳寨村、王河村、柏林村、杏花村、杨里村、玉皇庙村、将军岭村、韩闲村、董陵村、三官庙村、和沟村、胡家沟村、大峪沟村、官殿村）和 1 个镇中社区。

人　大

大峪沟区第一次人民代表大会于 1954 年举行，建镇以来先后进行了 8 次换届。2019 年，辖区有人大代表 71 名，其中市人大代表 11 名，镇人大代表 60 名。主席团成员 11 人，人大主席 1 人，副主席 1 人，组建代表小组 5 个。

共青团

1950年，大峪沟镇成立新民主主义青年团。1957年，改名为共产主义青年团。1958年，更名为共青团大峪沟公社委员会。2019年，全镇有共青团员384名，共青团大峪沟镇委员会辖村级团支部21个、社区团支部1个、非公企业团支部11个。

妇 联

1952年，大峪沟镇妇联组织成立。妇联在各个时期积极配合党的中心工作，动员和组织广大妇女参加各项活动，充分发挥了妇女在社会主义革命和建设中的半边天作用。2019年，全镇有村级妇代会22个。

工 会

中华人民共和国成立初期，大峪沟相继成立了教育工会、卫生院工会、供销社工会、粮管所工会等8个工会，会员占职工总数的90%以上。2011年，工会组织覆盖面进一步扩大，推进工会制度化、标准化和规范化建设。2019年，镇工会辖村级工会22个、企业工会37个，职工之家16个，会员5500多人。

关工委

1992年，大峪沟镇成立关心下一代协会。1998年，更名为关心下一代工作委员会（简称“关工委”）。多年来，关工委以老干部、老战士、老专家、老教师、老模范为主体，围绕“急党政所急，想青少年所需，尽关工委所能”的工作方针，退而不休，充分发挥余热，扎实开展以思想道德建设为主要内容的各种活动，为青少年健康成长做出了积极贡献。2014年、2015年连续被评为河南省关心下一代先进集体。

大峪沟镇历年获得荣誉统计表

序号	时间 / 年	荣誉称号	颁奖单位
1	2012	郑州市先进基层党校	郑州市委宣传部
2	2013	郑州市文明镇	郑州市委、市政府
3	2013	郑州市林业生态建设工作先进单位	郑州市人民政府
4	2013	“五好”党（工）委	巩义市委、市政府
5	2014	河南省绿化模范乡（镇）	河南省绿化委员会
6	2014	第九批省级生态乡镇	河南省环保厅
7	2016	河南省文明镇	河南省文明办
8	2018	郑州市 2016—2017 年度脱贫攻坚工作先进集体	郑州市委、市政府
9	2018	“奋进杯”金杯	巩义市委、市政府
10	2018	脱贫攻坚工作一等奖	巩义市委、市政府
11	2018	郑州市先进基层党校	中共郑州市委宣传部
12	2019	“奋进杯”金杯	巩义市委、市政府

所获荣誉

镇域经济

LOCAL RECORDS OF DAYUGOU

农　业

大峪沟土地多为山岭旱地。中华人民共和国成立前，小农自然经济发展缓慢，广大农民终年不得温饱。

中华人民共和国成立后，1950 年，实行土改，土地分给贫下中农，平均每人分得 0.493 亩，全镇人均土地 1.46 亩。1953 年，成立互助组。1955 年，成立初级社，土地归属集体所有。1958 年，成立人民公社，土地所有权归公社。1961 年，实行公社、大队、生产队三级所有，以生产队为核算单位。

改革开放为农业发展带来巨大变化。1981 年，根据国家政策，土地分田到户，实行家庭联产承包责任制，大力开展以治水改土为中心的农田水利基本建设。1987 年，实施“农业丰收计划”，推广农业“优质高产高效”技术，提高农业效益。

进入新时代，大峪沟镇坚持以市场为导向，以科技为支撑，大力发展优质、高产、高效农业，以养殖、林果、蔬菜等产业基地为中心，采取支持龙头企业、“公司＋农户”、建立高效农业示范园等形式，积极推进无公害农产品基地建设，加快农业产业化进程。水利基础设施日趋完善，岳杨河万米河道综合治理、岳杨湖水库除险加固等水利工程顺利竣工，受益群众2万多人。

2019年，全镇耕地有31000多亩。其中，种植小麦19678亩，玉米12000亩，大豆160亩，花生400亩，红薯1560亩，芝麻、棉花、红豆、绿豆等其他农作物800亩。全镇发展农业合作经济组织18个，农村集体经济合作社22个，农机专业合作社1个，涌现出山地海棠园、双阳牧业、杨里养鸡场、怡苑种植专业合作社、鑫发种植专业合作社等一批农业龙头企业。

大峪沟镇土地复垦整理项目　焦书欣　摄

工　业

1958年，大峪沟镇利用矿产资源优势，兴办采矿厂、被服厂和综合厂等企业，仅一年时间累积资金达4万多元。1959年，办起了“八厂一站”，即采矿厂、机械厂、耐材厂、酿酒厂、草灰肥厂、万头猪厂、被服厂、林场和运输站，人员由原来的56人增加到500多人。其中采矿厂一年收入达140多万元，获利100万元。

大峪沟地区蕴藏丰富的无烟煤，煤层埋藏浅，地质结构简单，发热量每公斤7000大卡左右，瓦斯含量低，易开采。1958年，兴建大峪沟煤矿。

1966—1985年20年间，全镇工业由小到大，由少到多，逐步发展。1985年，实现总产值4235.9万元，利润1233.6万元。企业有煤矿、水泥厂、耐材厂、机械厂、陶瓷厂、化工厂、建筑公司、贸易公司、钢厂等。

进入新时代，大峪沟镇把供给侧改革作为主攻方向，大力培育新兴产业。强丰铝业、赛欧图、杰美隆矿机、金龙机动车检测公司等一批项目相继投产。加大招商引资力度，持

续优化营商环境，融创云智小镇、浙大科技园、新能源光伏等项目相继落地，经济发展的稳定性、协调性和可持续性显著增强。

河南大峪沟煤业集团有限责任公司

1958 年 6 月，开封地区煤炭工业处筹建地方国营大峪沟煤矿。1959 年 5 月，大峪沟煤矿移交巩县，改为县营煤矿，成立巩县大峪沟煤矿，建立中共巩县大峪沟煤矿委员会。1983 年，红旗井（三工区）完成设计，并开始施工。1991 年 7 月，巩县大峪沟煤矿改矿建局，成立郑州市大峪沟矿务局，原大峪沟煤矿一工区、二工区、三工区改为郑州市大峪沟矿务局一矿、二矿、三矿。1998 年，三矿改制为股份制企业。2002 年，一矿、二矿合并为炭煤矿。2004 年，位于冯寨村的小关一矿归属郑州市大峪沟矿务局。2005 年，位于小关镇区的小关二矿归属郑州市大峪沟矿务局。2006 年，郑州市大峪沟矿务局改制成立河南大峪沟煤业集团有限责任公司，国有控股 67%，职工持股 33%，下属炭煤矿、华泰煤矿、小关一

河南大峪沟煤业集团有限责任公司（摄于 2014 年）

矿、小关二矿。2012 年，华泰煤矿国有股权通过招拍挂形式转让给巩义市红旗煤业公司。2016 年，兼并重组的小关一矿、小关二矿关闭退出产能。

河南红旗煤业股份有限公司

1968 年，大峪沟煤矿始建红旗井，后因资金不足停建。1983 年，恢复建设。1994 年 10 月，验收投产，为郑州市大峪沟矿务局三矿。1998 年 11 月，改制成立巩义市大峪沟红旗煤业有限责任公司。2005 年 9 月，整合水地河金源、金王煤矿，设立红旗二矿，原红旗井变更为红旗一矿。2008 年 4 月，整合永安煤矿，设立红旗三矿。2008 年，成立郑州鹏泰高新建材制品有限公司，建成煤矸石页岩烧结砖生产线。2009 年 10 月，巩义市大峪沟红旗煤业有限责任公司经股份制改造变更为河南红旗煤业股份有限公司，同年投资建设河南永安水泥有限公司，建成家福园住宅项目和河大大厦办公大楼。2012 年年底，河南红旗煤业股份有限公司收购河南大峪沟煤业集团有限责任公司华泰煤矿 51% 股权。为落实国家退出产能政策，红旗二矿、三矿分别在 2016 年、2017 年关闭退出产能。1998 年至今，河南红旗煤业股份有限公司企业纳税 16 亿多元，先后获得河南省安全生产先进单位、诚信纳税大户、煤炭系统五一劳动奖状、郑州市地方税收五十强、煤炭经营诚信企业、安全生产先进单位、五好基层党组织等荣誉。

河南省耕生耐火材料有限公司

1986 年，成立耕生炉料厂，主要生产硅酸铝耐火纤维毡。1987 年，新建高碳石墨厂。1988 年 9 月，引进洛阳耐火材料研究院（以下简称“洛耐院”）的技术配方，并与该院签订 10 年的技术合作协议，更名为“冶金部洛耐院巩义市联营实验厂”。1990 年 7 月，研制生产的低水泥、超低水泥、无水泥高性能耐火浇注料在武钢热轧厂、4 号轧钢加热炉上进行对比实验取得成功，替代法国进口产品。1991 年，浇注料在郑州铝厂氧化铝回转窑和水泥回转窑关键部位应用成功，寿命比俄罗斯进口产品提高 3~8 倍，运行成本降低 40% 以上。1992 年，含铬高性能刚玉质浇注料新技术在洛阳拖拉机厂铸造工频感应炉上应用成功。1993 年，研制的 NPT 型耐火喷涂料在洛阳水泥厂干法窑五级旋风桶上成功运用，填补了国内空白。1994 年 4 月，“高铝——尖晶石质钢包浇注料”在太钢试用成功，大幅度提升钢包寿命。1997 年 1 月，河南省耕生实业（集团）有限公司正式挂牌成立。1997 年 7 月，获得企业自营进出口经营权。1998 年，公司兴建了耕生耐火材料研究所；11 月，公司获得英国摩迪公司的 ISO9001 国际质量体系认证；12 月，改制为民营企业——巩义市耕生炉料有限责任公司。2002 年，在郑州市高新技术产业开发区，收购生产结构陶瓷的梦达公司，变更为河南省耕生高温材料有限公司。2006 年，成立郑州德赛尔陶粒有限公司和郑州德赛尔电子封装材料有限公司。2007 年 4 月 25 日，公司在美国纳斯达克成功上市。2010 年 12 月，超细微粉项目建成投产。2011 年，耕生系列产品年销售收入 34713.05 万元。

公司重视科技研发，1993 年与洛耐院合作开发的“低水泥、超低水泥、无水泥高性能耐火浇注料的研制与应用”获冶金部科技进步一等奖、国家科技进步二等奖。先后被评为河南省重合同守信用企业、国家大型二档乡镇企业、国家火炬计划（重点）高新技术企业和河南省高新技术企业、全国第一家国家级耐火材料高新技术企业。

河南省耕生耐火材料有限公司

巩义市兴元新能源科技有限公司

该项目为大峪沟镇实施精准扶贫招商引进的新能源光伏项目。2016 年 4 月，由信息产业电子第十一设计研究院科技工程股份有限公司（简称“十一科技”）成立全资子公司，利用大峪沟镇将军岭村 2600 多亩荒山荒坡，建设装机容量 40 兆瓦光伏电站，当年 12 月 23 日并网发电，年发电量 4400 万度，年销售收入 3430 万元，交税 580 万元。2017 年 6 月，公司投资 1500 万元在伏山半山腰修建 5 千米光伏大道，当年 12 月 25 日通车。

2016 年以来，土地流转每年为该村带来 45 万元集体收入，清理杂草提供 70 个就业岗位，群众增收 20 万元。2016 年，大峪沟镇政府与该公司共同筹资 400 万元建成 0.5 兆瓦扶贫电站，每年从 42 万元收益中拿出 30 万元用于贫困户全覆盖，每户 1000~6000 元，连续 20 年，实现贫困户长期稳定增收。截至 2019 年 10 月，共发放扶贫款 90 万元。

将军岭村 40 兆瓦光伏电站

光伏大道

巩义市盛元新能源有限公司

巩义市盛元新能源有限公司成立于2017年，是信息产业电子第十一设计研究院科技工程股份有限公司全资子公司。该公司利用企事业单位建筑闲置屋面，建成4兆瓦分布式光伏电站。2017年8月，利用道路两侧绿化带、公园、村民院落等场所建设光伏树近500棵，每年每棵增收500~1000元。

融创云智小镇项目

2018年3月，云智小镇由融创（中国）控股有限公司投资230亿元在大峪沟镇开工建设。该项目在大峪沟镇北部、中原西路沿线的和沟村、三官庙村、董陵村和韩冈村所辖范围内开发建设产业新城，打造以大数据为核心，信息服务、金融科技等多领域联动的智慧云产业生态。通过大数据产业发展，支撑优势产业向智能制造、个性定制、服务化发展、协同制造、新兴拓展等方向转型升级，开拓巩义智造新领域，推动工业转型升级创新发展。

分布式光伏电站

浙江大学国家大学科技园区项目

浙江大学国家大学科技园区（简称“浙大科技园区”）是浙江大学企业成长研究中心与巩义市人民政府合力打造的高端前沿项目。该项目以发展战略性新兴产业为主，充分结合巩义市的现状基础以及国家战略产业的发展方向，利用浙江大学的相关优势学科，建立战略型新兴产业集聚地。

乡村振兴

大峪沟镇大力实施乡村振兴战略，按照产业兴旺、生态宜居、乡风文明、治理有效、生活富裕的总要求，牢固树立和践行“绿水青山就是金山银山”的理念，建设青山绿水、村美人和的社会主义新农村。以薛庄村、将军岭村等为示范点，一村一品、一村一景，加快美丽乡村建设，发展美丽经济。

LOCAL RECORDS OF DAYUGOU

精准扶贫

大峪沟镇有省级脱贫村 2 个，享受政策建档立卡贫困户 161 户、409 人。精准脱贫工作开展以来，先后实施了光伏扶贫、金融扶贫、产业带贫、旅游帮贫、扶智扶志等脱贫措施“组合拳”，最大限度凝聚脱贫正能量，实现建档立卡贫困户脱贫、摘帽、增收。新山等 12 个村依托种植合作社和相关企业，对土地进行流转，建设水果、食用菌、药材等高效农业基地，流转土地超过 1 万亩，户均增收 2000 多元。海上桥村等 6 个村开发乡村旅游，建设 12 个采摘园，吸纳 31 名贫困人口就业，17 户农家乐投入运营。开展各类技能培训 240 人次，93 名贫困人口就业，11 户贫困户自主创业。

岳寨村农家夜市　赵培军　摄

薛庄村

2018 年，薛庄村筹资 2000 万元修建了一条环境优美的乡村道路。2019 年，该村深入推进农村人居环境整治，确定了“尊重自然、就地取材、因地制宜”的改造原则。按照群众生活需求，对房前屋后进行改造，遵循“不拆、不建、透亮、透绿”的思路，打造了“寻梦薛庄”“柿柿如意”等文化景观。以资源可回收利用为切入点，挖掘乡土人才资源，坚持花小钱、办大事，把废旧木料、旧轮胎、灯泡、矿泉水瓶、传统农具等变成了文创产品，物尽其用。成立大学生志愿者服务队、退役军人志愿者服务队、环卫工人志愿者服务队、手工艺人志愿者服务队，挖掘村史文化，拓展乡村休闲旅游。2019 年，薛庄村被评为巩义市文明村。

薛庄村文化小院

民权村

民权村位于镇南部山区，依山傍水，风景如画，红顶白墙的山区民居，别具风情。2006 年，民权村被确定为社会主义新农村建设试点。近年来，该村以旅游业为主导产业，加快推进生态人居、生态环境、生态经济、生态文化四大工程建设，先后完成了绿化、亮化，

完善了村庄供水管网、村组道路建设，建成标准化文化大院、党员活动室、图书阅览室、村级卫生室、残疾人康复活动中心等公共服务设施，致力建成集生态、观光、休闲为一体的美丽乡村、魅力乡村。开发青龙山森林资源，完善基础设施，修建道路 25 千米，建成 8 家农家乐，带动了第三产业的发展。2013 年，民权村被农业部评为首届中国“最美休闲乡村”，2014 年被评为河南省美丽乡村创建试点。

民权村红叶游

将军岭村

将军岭村有2600亩荒山荒坡，2016年，引进十一科技光伏扶贫项目。2019年，以光伏旅游为依托建设美丽乡村，加快生态环境整治。投资420万元，对3千米乡村道路进行绿化美化，栽种晚樱、丝棉木、红枫、钢竹等植物5万棵，形成层次分明的景观带。治理河道，将全村污水管网进行贯通，修建人工湖1.2万平方米。

将军岭村

青龙山慈云寺景区

LOCAL RECORDS OF DAYUGOU

青龙山

青龙山慈云寺景区位于大峪沟镇民权村，距巩义市区 20 余千米。南接中岳，北揽黄河，东连浮戏山，西望北宋皇陵，总面积 51 平方千米。1998 年被批准为河南省森林公园，2000 年被批准为河南省风景旅游区，2009 年被批准为国家 AAA 级旅游景区。2013 年，慈云寺石刻被列为第七批全国文物保护单位。

青龙山古称霍山、天陵山，东连五指岭，西接石人山，重峦叠嶂，山峰孤秀，绵延盘亘 20 余里。因北宋皇陵建于山侧，按风水堪舆之说，易名青龙山。清朝诗人顾嘉蘅有诗赞曰："太室北走青龙岭，二十四峰间气钟。地脉结为巩伯邑，怀抱东西二青龙。"《乾隆河南府志》记载："浮戏由双峰高耸，俗呼盘龙双尖。西北为西青龙，与东青龙异山合体，中

有慈云寺。寺前龙潭北流，为石子河。青龙山有石人峰，登峰见山脊，环绕如高墉。中列数十峰，皆攒秀献奇于足下，所谓大山绕小山为霍山也。西御北走，为小青龙山，尽处为牛头山。真宗陵在其右。”

青龙山属于秦岭纬向构造带嵩山大斜背北翼，其山势陡峭，峰峦高耸，峡谷深邃，悬崖壁立。山中有五十三峰，或高插云天，云遮雾障；或怪石嶙峋，争秀斗奇；或树木覆盖，美如翠屏；或横空出世，万仞壁立。东部杨家岭，海拔 1042.7 米，与东南部海拔 1021 米的盘龙尖遥相呼应，气势宏伟，称“盘龙双尖”。西部有石人峰，山头有数丈高的石柱，状如人形。

盘龙双尖

二老谈经峰 凯旋 摄

景区内著名的山峰有二老谈经峰、镇海峰、福禄寿山、苍龙峰、钵盂峰、峨嵋峰、玩月峰、卧龙峰、锦绣峰、狮子频吟峰、象王回互峰、返照峰、孤峻峰、天门峰、臣宰峰、北斗挂悬峰等。峰回路转，移步换景，引发游人无限的想象。

青龙山之美还体现在四季景色的变换、奇花异卉的争奇斗艳上。青龙山现有森林面积2300公顷，冷沟以西的青龙山脊、杨家寨、野驴沟等地，生长着大面积的原始次生林。据调查，青龙山景区植物有109科337种，植物有栎类、黄栌、山榆等百余种。有国家二类保护植物如榉树、野牡丹、异叶天仙果、竹叶椒、流苏树等珍稀植物。药用植物200余种，观赏性植物100余种。

福禄寿山

钵盂峰

天门峰

臣宰峰

峨嵋峰

栎林

黄栌

青龙山雨水丰沛，山中泉溪横流。石灰岩山体在流水的作用下，形成奇特的喀斯特地貌。古人称青龙山“峰峦连亘，涧溪萦回”，是指东西两脉青龙山山势蜿蜒曲折，环护一条千回百转的后寺河，常年流淌。青龙潭、竹扫潭、黑龙潭、捧月湖、天堂海等胜景，为游人增添了许多山水意趣。

青龙潭

青龙山中泉眼众多，如虎溪泉、珍珠泉、天泉等，源出石隙，与奇石古树相伴，清幽碧秀。

青龙山中有古刹慈云寺，据寺内碑文记载，该寺始建于东汉永平七年（公元 64 年），为西域僧人摄摩腾、竺法兰创建。东汉时，汉明帝夜梦金人，遣使赴西域礼寻佛法。高僧摄摩腾、竺法兰白马驮经来到都城洛阳，闲暇之余云游至青龙山，感念山川秀丽，遂建慈云古刹。慈云寺历经沧桑，几度兴废，据传唐宋元明清曾多次敕建重修。寺内有明代珍贵碑刻《青龙山慈云禅寺五十三峰圣境之图》，详细标注了五十三峰簇拥的慈云寺圣境。

五十三峰圣境图

慈云寺

1998 年以来，景区先后复建了三门殿、天王殿、钟鼓楼、大雄宝殿、华严阁、白衣阁、方丈室、禅堂、藏经阁、祖林等建筑。2007 年 8 月，时任中国佛教协会会长一诚长老为慈云寺题写“释源祖庭”；2011 年 4 月，时任中国佛教协会会长传印长老为慈云寺题写“华夏作寺之始”，充分肯定了慈云寺在中国佛教发展历史上的重要地位。

2013 年，慈云寺石刻被列为全国文物保护单位。近年来，历史、考古、建筑、文化等专家对青龙山慈云寺作了深入调查，发现隋、唐、元、明、清时期古建、石刻、摩崖等文物数百件（处），碑刻 50 余通、塔铭 40 余块。这些碑刻详细记录了寺院兴衰、佛教宗派沿袭变迁、寺院管理等重要内容，为研究中国佛教文化提供了重要的史料。

一诚长老为慈云寺题词“释源祖庭”

青龙关位于青龙山中部山脊凹腰处，是从北部进入寺河的要道，西连忠义古寨，北望元帅池。古时候，这里仅有一条山路通关而过。

青龙关北约 500 米处有忠义寨，东连过沟路，东北望元帅池，南面是悬崖绝壁。相传为北宋末年农民义军裴月娥及兄长率众所建。青龙关高踞山巅，地势平阔，寨垒森严，易守难攻。现存青石垒砌的古寨墙长达数公里，寨中制高点有烽火台，尚存遗迹。

从 2014 年起，青龙山慈云寺景区依托山野间的天然桃林，每年举办桃花祈福文化节，吸引数万名游客踏青赏花、登高望远，提升了青龙山慈云寺景区的知名度和美誉度。

近年来，大峪沟镇启动了融创慈云小镇项目。该项目由融创（中国）控股有限公司投资 220 亿元，力争 5 年内将青龙山慈云寺景区打造为国家 AAAAA 级景区，成为河南最具特色的旅游度假胜地之一。

慈云寺

忠义寨

青龙山野生桃林

中国传统村落海上桥村

LOCAL RECORDS OF DAYUGOU

海上桥村

大峪沟镇海上桥村位于青狮山下，东距巩义市东区 5 千米，南距 310 国道 2 千米。据村内古代碑刻记载，河谷中有一泉眼，终年不涸，人称“海眼”，村民搭桥过往，因而得名“海上桥”。

海上桥村始建于明代万历年间，是一处以血缘为纽带形成的宗族居住聚落。历史悠久，风景清幽，村民尊重自然，保护自然，与自然和谐相处。古村落现保存了20余栋清代古建筑，古朴典雅，恢弘壮美，建筑和装饰工艺堪称豫西清代建筑的代表。2016 年，海上桥村被列为河南省第七批文物保护单位，2019 年被住建部列入全国传统村落名录。

海上桥明清古建筑群，东西长500米，南北宽400多米，坐北向南，北高南低，呈斜坡分布，总面积 20 余万平方米。古时建有三座寨门。现存四部分，分四个方向建有 20 个院落，共有窑洞 75 孔，楼房 42 幢 80 余间。建筑群主要由住宅、祠庙等构成，设有共用水井和四通八达的石子小道，沿着小道铺设下水通道，围绕建筑群筑有高高的土寨墙。布局统一，结构严谨，相依相存，是一处独具特色的古代民居群。海上桥村目前基本保持了原有古村的道路肌理，村内巷道与外围道路连接，宽度大多为 1~2 米，路面以青石路和石子路为主。

石子小道

海上桥村古建筑群是以王姓为主的居住地。按王氏宗族关系形成了东院、南院、北院、当中院、里头院的“五院”管理模式。大部分院落皆为一进式、二进式四合院，院内配以厢房、跨房、大门及门楼，古朴简约，自然淳朴。

古建筑以木结构为主，以砖、瓦、石为辅。从外观上看，每个建筑都由上、中、下三部分组成。上为屋顶，下为基座，中间为柱子、门窗和墙面。屋顶具有优美舒缓的屋面曲线，这种艺术性的曲线先陡急后缓曲，形成弧面，不仅受力比直坡面均匀，而且易于屋顶排送雨雪。建筑整体布局不求整齐划一、左右对称，而是因地制宜，相势布置。

建筑格局大致为三种：一是靠崖筑窑洞，两侧建厢房的一进式、二进式或三进式四合院式建筑。二是三面挖窑洞，两侧在窑洞外接厢房，临街盖倒座式两进院。三是靠崖挖晒台窑，即下层窑洞顶部挖成平台式，然后在平台上再挖窑洞，两侧盖房的一进式或二进式院落。窑洞大部分为石券窑，仅有少量为土窑洞，深 5~30 米，宽 2.5~3.5 米。有的窑洞内架设木棚板，靠崖窑洞一般作为上房。厢房和倒座都是砖木结构，硬山灰瓦顶，砖石垒砌墙基，土坯墙，大多数中间架有木棚板。

传统民居之一

传统民居之二

传统民居之三

传统民居之四

代表民居

王广亚故居 始建于清代中期，坐西向东，总面积236平方米，建筑面积160平方米。倒座大房一座，南北厢房4间，窑洞3孔，建筑物为青砖、蓝瓦、木质结构。建筑年代有两处墨书题记，一处是上院第二处院落，倒座梁柱椽子上墨书“咸丰元年三月十九日吉时”；另一处是西二院北厢房，梁上墨书“清道光十一年”。王广亚博士是当代著名教育家，在世界各地办有十余所大学，蜚声海内外，桃李满天下。

王耀进宅院 始建于清代中期，为三进式宅院。坐北向南，总面积180平方米，建筑面积40平方米。院内窑洞9孔，西厢房4间。建筑物为石基础、土坯墙，青砖、蓝瓦、木质结构。

王志颂宅院 始建于清代中期，坐北向南，总面积140平方米。院内正面有5孔窑洞，内外全部用砖石券成。

王应五宅院 始建于清代中期，坐北向南，总面积200平方米，建筑面积68平方米。东西厢房对称，院内窑洞3孔，砖石券成。建筑物为土坯墙、青砖、蓝瓦、木质结构。

王荣义宅院 始建于清代中期，坐东向西，总面积264平方米，建筑面积72平方米。二进式宅院，南北厢房各3间，窑洞2孔。建筑物为石基础、土坯墙，青砖、蓝瓦、木质结构。

王哲民宅院 始建于清代中期，坐北向南，总面积406平方米，建筑面积108平方米。倒座大房1座，东西厢房各6间，上下两层窑洞4孔。建筑物属于石基础、土坯墙，青砖、蓝瓦、木质结构。

王广亚故居

王哲民宅院

王长对宅院 始建于清代中期，坐北向南，总面积360平方米。现有窑洞3孔，均以砖石券成。

王红周宅院 始建于清代中期，坐北向南，总面积330平方米，建筑面积28平方米。东房1间，西房1间，窑洞2孔。建筑物为青砖、蓝瓦、木质结构。

王双安宅院 始建于清代中期，坐北向南，总面积750平方米，建筑面积243平方米。二进式宅院，大房1座，东西厢房对称，绣楼1座5间。建筑物为青砖、蓝瓦、木质结构。门口设门当、户对，有石楹联曰："犁云锄雨永绵世泽，颂诗读书丕振家声"，横批为"耕读传家"。

王志辉宅院 始建于清代中期，坐北向南，总面积256平方米，建筑面积103平方米。二进式宅院，倒座大房1座，前院西房子2间，后院东房3间，窑洞2孔。建筑物为青砖、蓝瓦、木质结构。

王长堆宅院 始建于清代中期，坐北向南，总面积264平方米，建筑面积98平方米。二进式宅院，东西厢房对称各3间，上下两层窑洞6孔，大门外东房2间。建筑物为石基础、土坯墙，青砖、蓝瓦、木质结构。

王荣卿宅院 始建于清代中期，坐北向南，总面积352平方米，建筑面积146平方米。倒座大房1座，东西厢房对称各3间，建筑物为石基础、土坯墙，青砖、蓝瓦、木质结构。

王茂恩宅院 始建于清代中期，坐北向南，总面积252平方米，建筑面积93平方米。二进式宅院，倒座大房1座，东西厢房对称各3间，窑洞3孔。建筑物为青砖、蓝瓦、木质结构。

王红周宅院

王荣卿宅院

王应超宅院 始建于清代中期，坐北向南，总面积231平方米，建筑面积80平方米。二进式宅院，东厢房4间，西厢房2间，窑洞2孔。建筑物为石基础、土坯墙，青砖、蓝瓦、木质结构。

王黑宅院 始建于清代中期，坐东向西，总面积400平方米，建筑面积90平方米。东院附院，二进式宅院，倒座大房1座，南北厢房对称各2间，上下两层窑洞10孔。建筑物属于青砖、蓝瓦、木质结构。

张现华宅院 始建于清代中期，坐西向东，总面积210平方米。院内窑洞2孔，青砖石结构。

刘建州宅院 始建于清代中期，坐西向东，总面积384平方米，建筑面积200平方米。二进式宅院，南北厢房对称各3间，窑洞3孔。建筑物为青砖、蓝瓦、木质结构。

张建周宅院 始建于清代中期，坐西向东，总面积416平方米，建筑面积147平方米。二进式宅院，倒座大房

刘建州宅院

1座，南北厢房对称各3间，上下两层窑洞4孔。建筑为石基础、土坯墙，青砖、蓝瓦、木质结构。

王家祠堂 始建于清代中期，坐西向东，总面积256平方米，建筑面积139平方米。倒座大房1座，南厢房3间，窑洞3孔。建筑物为青砖、蓝瓦、木质结构。院内中间窑洞有王家始祖碑一通，清同治五年清明节立。现为海上桥供销合作社。

药铺院 始建于清代中期，坐东向西，总面积114平方米，建筑面积50平方米。大房1座。建筑为石基础、石墙，青砖、蓝瓦、木质结构。

古　井 建于清代道光七年，是海上桥人从站街迁徙此地后开挖的第一口井。方口70厘米，可供几百人饮用。据说打井时因岩层坚硬，出一升石渣给一升米，夜以继日，才得以竣工，距今已近200年。

王家祠堂·海上桥供销合作社

药铺院

古井

关帝庙 位于海上桥村口，坐西向东，总面积2250平方米，建筑面积102平方米。建筑有卷棚1座，关公庙2间，戏楼1座，土窑洞4孔。窑洞夹山有碑刻3通。建筑物为石基础、青砖、青瓦、木质结构。

大劫文碑 碑残，高1.04米，宽0.55米，厚0.11米，青石圆首，两面刻字。碑阳正文9行，行25字，楷书。碑阴为大劫文，正文15行，行33字，楷书。碑文韵文写成，记述光绪元年至五年当地遭受灾荒的悲惨情景。1963年，大劫文碑被列为巩义市文物保护单位，现存巩义市博物馆。

村落特色

海上桥村聚落完整，历史环境特色鲜明，是传统村落和民居建筑规划的重要研究样本。

山水格局完整，是传统古村落选址营建的典范。海上桥村的格局和整体环境特色显著，体现了我国古代村落选址、择地而居的基本形制，是研究传统村落环境学、生态学的重要样本。村落“背山而屏”格局十分清晰，具有突出的整体性价值。

海上桥民居

村落布局科学严谨，是传统可持续人居发展模式的体现。村落内部肌理清晰，布局严谨，功能合理，反映了中国传统古村规划建设的一种形式与发展模式。海上桥村街巷的尺度空间舒适宜人，不同于一般村落相对规整、严谨的建设规制。村落布局顺应自然，依势而建。走进海上桥村，会看到一个坐北朝南的小山洼，北高东低，东、西、北三方皆为高峻土岭。岭上修有寨墙、寨门，村民居于寨内，可以说它是一座城堡式建筑群。

数量众多的传统硬山式建筑和窑洞建筑群。村内建筑保存基本完好，在建筑特点上，综合了北方四合院的建筑风格，色调古朴，庄重大气。在结构上，以青砖灰瓦、靠山窑洞为主。在布局上，以一进、两进、三进为主，结合楼院、偏房跨院。在装饰上，以砖雕、木雕、石雕为主，雕饰精美。建筑群之间小道用石子铺设，构成一处独具河洛风情的民居群。

保护传承

做好村落规划，传承文化积淀。海上桥村明清古建筑群，至今有村民居住，古井、道路等基础设施仍然与群众的日常生活密不可分。多年来，大峪沟镇及相关部门在古建筑群的原貌保存、古建修缮、环境整治等方面做了大量工作。制定了《传统村落保护发展规划》和空间发展规划，为村落保护、资源利用和生态改善提供了保障。

保护村庄院落，建设美丽乡村。2018 年，对 10 处院落按照“修旧如旧”原则，进行抢救性保护维修。全村修建地下污水管道 1500 米，安装 LED 太阳能路灯 140 盏，铺设碎石路 1256 米，建设广场 3 个、旅游公厕 1 座，全面提升村落颜值。2019 年，统筹推进垃圾分类、厕所革命、污水处理、环卫更新等工作，加强村容村貌整治，打造气质好、颜值高、生态美的传统村落。

打造“画家村”，发展文化产业。依托传统村落和民居资源优势，清华美院、鲁迅美院等 29 所高校，在海上桥村相继设立了写生实践基地，每年春、秋两季前来写生的师生超过 5000 人次。建立了海上桥文博书画院、河南海上桥文化传播有限公司、海上桥写生基地等机构，全力打造海上桥画家村文化品牌。目前，筹资 1.2 亿元，正在努力打造书画创作、展示、交易、培训的文创园区。

海上桥画家村

海上桥美术馆

文物胜迹

牛状元府

牛状元府是清道光年间武状元牛凤山的府邸，位于大峪沟镇官殿村明月坡，横岭之巅老犍脊。2009 年 6 月，被列为郑州市文物保护单位。

据《牛氏族谱》记载，此处府邸始建于道光十七年（1837 年），道光二十六年（1846 年）大修，渐成规模。建筑坐北向南，有 4 个院落，以中院为中心，偏东在上边的院落为东院，在下边的院落为下院，向西百余米的院落为西院，状如大鹏展翅。整体布局高低错落，由通道、石阶相连，计有窑洞 40 余孔、房 30 余间，面积达 2600 余平方米。

府门面东而建。门楼高 4.9 米，深 4.5 米，宽 6 米，脊高 7 米，门口高 3.98 米，宽 2 米余。门楼富丽堂皇，气势雄伟；楼脊刻龙雕兽，蔚然壮观。门上方青石嵌刻“圣旨”二字，其下并排镶嵌着 3 块青石竖匾，分别题刻“将军第”“状元府”“太史第”。3 块石匾下边是长 8 米多的横楣，大门对联两副，红石篆刻“文修武备是父是子，勋名济美乃武乃文”；青石题刻“派溯陇西根深枝茂，恩承阙北武达文通”。门内上方悬挂“父子文武状元传胪”木匾 1 幅，高 1.5 米，长 2.6 米，红底金字。门内南北侧墙分别悬挂“怀远以德”“行乎时望”木匾。

进状元府大门，向西约 50 米，有圆脊房 5 间，做客厅兼书房用，高 7 米，深 5 米，宽 14 米。砖券月亮门，门高、宽各 2 米多。穿过客厅，外边有一平台，50 多平方米。客厅下边并排石券窑 2 孔。客厅建在窑顶之上，窑内有洞，暗道可直上客厅，门外亦有石阶便于上下。门外凉台，护山墙均为红石垒筑，高 20 余米，险峻异常。

府内第一院落纵深 19 米。院内大窑 1 孔。窑内分两段，前段深 9 米，有隔子门，木板为棚，有木梯可上下。后段深 11 米，窑顶高 6 米，窑宽 6 米。窑内前段有拐窑 1 孔，深 4 米，宽 2 米，高 3 米。院内东配山有窑 3 孔，高约 4 米，宽约 3 米。西厢房 3 间，高 8 米，深 4 米，宽 10 米，两层，楼房结构，梁上题记“大清道光二十六年岁次丙午季春貤封武功将军牛林山立”。

府内第二院落纵深亦 19 米。门台 6 级。院内大窑 1 孔，圆券门，上有木厦遮护，厦下红石横楣刻字“清咸丰七年岁次丁巳，元吉在上，癸巳状元牛梧阶修”。红石镌刻门联“海纳百川有容乃大，壁立千仞无欲则刚”。窑内分 3 段，前段深 6 米，有隔子，木板为棚，木梯供上下。中段深 5 米，前段、中段为红石合券。后段深 19 米，窑帮红石垒砌，红土窑顶。窑全高 6 米，宽 5 米。东西厢房各 3 间，为两层楼房结构。以上

牛状元府

统称为中院。

出中院偏东向上走20余米，有一院落坐北向南，即东院。院前大房3间，是过庭大门。院内有大窑1孔，牛状元生于此窑。窑门青砖圆券，高约4米，颇有气势。门上砖刻横楣“道光二十九年乙酉，孝友传家，亚元都司牛苍亭识”。门旁砖刻对联“赍德无私积德获福，扬善最著作善降泽”。大窑前段深9米，有木隔栅，后段深16米，宽5米，冬暖夏凉。另有小窑3孔，东西厢房各3间。西厢房砖刻莲花瓣门口，美观大方。生机蔚然、高15米的护府古槐就长在此院西边的护山头上。

中院东下方的院落为下院，门前是状元回来下轿的地方。院内有窑5孔，山墙为红石垒砌；有房1所，坐西向东，三间一过道，楼房结构。此院为杂役人员住宿和饲养马匹的处所。因时深日久，今已塌毁无余。

中院向西约百米处，原名西洼，状元府扩建后名曰西院。正面有坐北向南窑洞3孔，东配山有窑洞2孔。窑门结构均和中、东院的大致相同。西厢房3间，楼房结构，有走廊，木柱4根，柱下青石为础。院前有房1所，过庭大门。因时代变迁，原建筑已面目全非。

状元府门向东约200米，牛氏宗祠西上侧，有一个院落，占地200多平方米，有土窑2孔，无院墙。这里背依葱翠青山，面临潺潺河水，环境幽静，空气清新，是习武练功的理想场所。2013年，在此处土堆下挖出一块牛状元当年练武用的“掷石”。这块掷石为红石，高60厘米，宽36厘米，厚26厘米，重200多斤，两侧有对称石窝。

牛氏宗祠原在荥阳穆沟，称祖德堂。同治四年（1865年），牛凤山在明月坡创建祖德堂小宗祠。小宗祠位于状元府东300米处，依土山而建。门上石刻横额“清同治四年乙丑孟春建，祖德堂，癸巳状元十四世凤山志”。门旁石刻对联“祖汜迁二龙肯堂作室遗厚德，孙洛历三世修庙陈器尽寸心”。

张相周故居

张相周故居位于大峪沟镇杨里村南。坐北向南，分为上院老宅和下院窑楼院两部分，面积500平方米。上院长19.3米，宽20米。现存晒台窑、窑洞2孔，窑洞之间有一个“天爷龛”。原有东、西大门，现存西大门。下院长12米，宽16米，存窑楼1幢。2007年12月，被列为巩义市文物保护单位。

柏林魁星楼

柏林魁星楼位于大峪沟镇柏林村，又称看家楼，为清代建筑。硬山式砖木结构，坐西向东，东西长 5.5 米，南北宽 4.05 米，高约 13 米，共 4 层。底座内可架梯而上，南壁上开有 5 个天窗，西、北壁各有 3 个天窗，东壁第四层上开 1 个天窗。二层上部和三层下部连接处外出 4 个龙形斗拱，斗拱之间饰莲花卷草纹。民国时称该楼“形似魁星所居，即吾村之文峰也”，由此得名魁星楼。魁星楼风格独特，保存完好，对研究清代风土民情、建筑风格具有一定价值。2007 年 12 月，被列为巩义市文物保护单位。

桥沟老君庙

老君庙位于大峪沟镇桥沟村。原名草庙，原址在西南 300 米处的小山包上。据碑载，该庙始建于东汉，当地人结草为庙，故名“草庙”。山因庙名，曰“草庙山”。元末明初，当地康、李两姓将庙迁到现址，改称“老君庙”。现存大部为明代建筑。老君庙坐北面南，东西 28 米，南北长 45 米，面积 1560 平方米。原为三进式结构，东、西方各开 1 门。现存戏楼、大殿、月台及碑刻 25 通，明代石香炉 2 个，清代石香亭 1 个。该建筑具有典型的明代庙宇特点，保存基本完好。2007 年 12 月，被列为巩义市文物保护单位。

董陵汉墓

董陵汉墓位于大峪沟镇董陵村。当地传说为汉代董卓首级埋葬处，面积 120 平方米。现存有墓冢，南北长 12.5 米，东西宽 9.5 米，高约 4 米。墓冢位于农田中，保存较好。传说吕布在长安将董卓杀死，又将董氏满门抄斩。袁氏门生故吏将董氏亲属的尸骸，取至袁氏墓前焚烧，以报前仇。后因董卓党羽李傕率兵攻破长安，吕布将董卓首级悬于马项下，带领残骑数百人，东出武关，投奔袁术，行至巩县西侯山，又改变主意，投奔张邈，故将董卓头弃下。嗣后，由当地亲董官吏就地安葬，称“董陵”。此地也被称作董陵村。据当地群众回忆，前几年平整土地时曾发现灰砖窑洞，可能为耳室。2007 年 12 月，被列为巩义市文物保护单位。

官殿炮楼群

官殿炮楼群位于大峪沟镇官殿村，分布该村公路两侧，绵延约 3 千米。抗日战争时期，国民党 38 军驻守于此，建有团部，并沿道路修筑防御工事。现存炮楼 10 座，炮楼均为八角形，钢筋水泥结构，穹顶，高约 1.8 米，直径 2~4 米，厚度 0.4 米，开有 1~3 个瞭望孔，1 个小门，门高约 1 米。该遗址是抗击日寇的历史见证。

红色传承

LOCAL RECORDS OF DAYUGOU

革命历史

1944年11月，以皮定均、徐子荣为领导的“豫西抗日先遣支队”，在大峪沟一带开辟抗日根据地，中共巩县县委工作站站长孙克明在此进行抗日宣传活动。

1944年12月，巩县第五抗日民主政府在钟岭村石榴院建立，戚廷生任区长，杨奉朝任区干队队长。

1945年1月31日，巩县日伪军偷袭石榴院，逮捕军民52人，杀害10人。

1945年春，巩县县委派张保伦任抗日五区政委。

1945年3月，巩县第六抗日民主区政府在大峪沟镇董陵村建立。孙克明任区长，杨奉山任区干队队长。

1945年4月，巩县独立团八大队、四中队在大峪沟镇伏山与巩县日伪自卫团发生战斗。

1945年4月，巩县独立团在大峪沟镇磨盘山阻击日伪自卫团。

1945年5月，巩县第五、第六抗日区干队在伏山伏击汜水日伪自卫团。

1945年5月，巩县第五抗日民主区干队与日伪自卫团在白河遭遇战。为掩护战友撤退，区干队班长张献牺牲，队员张红勋负伤。

1945年5月，巩县第五抗日民主区干队与日伪自卫团在大峪沟镇康坟发生战斗。

1945年6月，巩县独立团七中队在大峪沟镇青狮山阻击日伪自卫团。

1945年8月，巩县第五抗日民主政府与一区政府合并，改为一五武工队。

1945年9月，皮定均率部南下，区干队被编入独立团和部队，南下参加中原会师。

1945年10月，国民党38军孔从周部进驻大峪沟地区东北部官殿、杨里等地。

1945年10月15日，八路军与国民党巩县保安团一支队在大峪沟镇民权村过沟路发生战斗。

1946年5月16日，国民党38军孔从周部于巩县起义，杨里驻军响应。

1948年4月7日，大峪沟解放。

1948年10月，大峪沟400多人组成支前队伍，支援郑州解放战役。

革命遗址

中共巩县第五区委、第五区抗日民主政府旧址

中共巩县第五区委、第五区抗日民主政府旧址，位于大峪沟镇钟岭村。原建筑为一处坐南朝北的院落，有3孔土窑洞，占地面积150平方米，是巩义市文物保护单位、爱国主义教育基地。

1944年12月，巩县第五区抗日民主政府在大新乡石榴院（今大峪沟镇钟岭村）成立。该区辖大新乡南部、东鲁乡的北部、尚义乡一部分，即今天大峪沟镇大部分和站街镇、北山口镇的部分。区长戚廷生，后为曲子万，副区长白元林，财粮助理李天锡，民政助理胡建章，文教助理张自修，武装干事胡德水，管理员赵万川。

中共巩县第五区委成立于1945年4月，与区抗日民主政府合署办公，书记张宝伦。第五区区干队曾配合县独立团在磨盘山、伏山、白河、康坟阻击日伪自卫团侵犯，保卫了根据地。

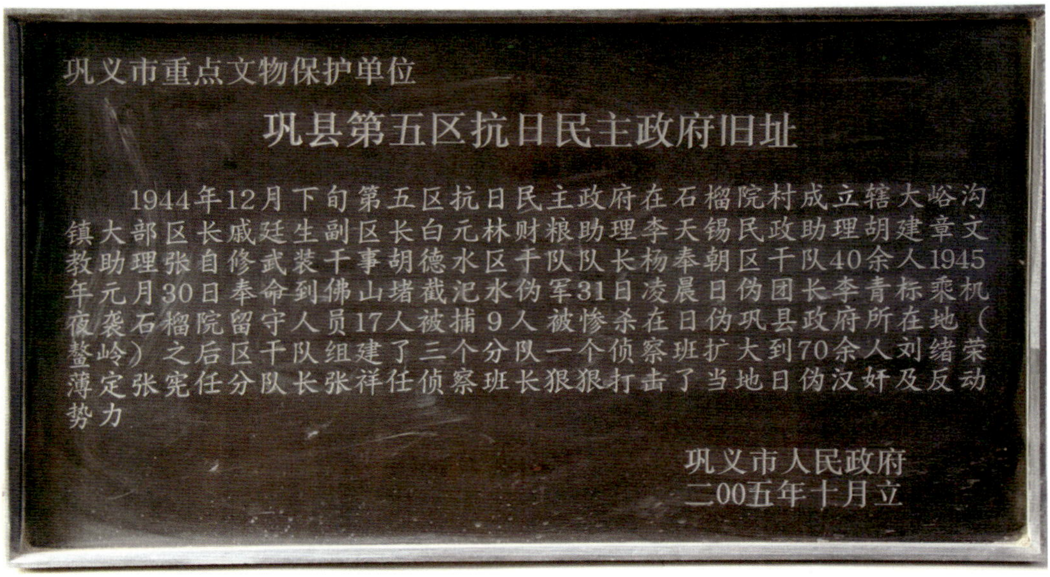

中共巩县第五区委、第五区抗日民主政府旧址

中共巩县第六区委、第六区抗日民主政府旧址

中共巩县第六区委、第六区抗日民主政府旧址，位于大峪沟镇董陵村，原建筑为坐北朝南的2孔土窑洞，60平方米，是巩义市文物保护单位。

1945年3月23日，巩县第六区抗日民主政府在大新乡贺沟（今大峪沟镇董陵村）成立。该区辖大新乡的北部、东鲁乡的南部，即今河洛镇、大峪沟镇的结合部。区长孙克明，民政助理谢耀亭、张兴汉，财粮助理张荣贤，仓库保管员张书田，副官刘全斌。

中共巩县第六区委于1945年5月成立，与区抗日民主政府合署办公，书记由区长孙

青狮山战斗遗址

克明兼任。1945 年初夏，该区区干队和第五区区干队联合进行过青狮山、伏山伏击日伪自卫团的战斗。

石榴院事件遗址

石榴院事件遗址，位于大峪沟镇钟岭村，是巩义市文物保护单位、爱国主义教育基地。

石榴院（今大峪沟镇钟岭村）是抗战时期巩县第五区抗日政府和区干队驻地。1945 年 1 月 30 日，第五区区干队奉命外出配合主力部队作战，区政府及区干队驻地仅留少量

石榴院爱国主义教育基地

勤杂人员和新战士。得知区干队外出的消息，日伪军300余人于当天夜里偷袭了石榴院，抓捕抗日军民共52人。3天之后，日军在县城站街鏊岭张家大坟将区干队员杨毛妮、张三、张红记、张广义、张大河、胡金聚、吴银松、尚有、李敬森9人当作练刺杀的“靶子”，用枪刺戳死。另外两名区政府工作人员赵万川、张木被捕时穿的是灰布上衣，敌人认为他们是老八路，将他们继续关押审问，赵万川被敌人严刑绞死，张木寻机逃脱。

中共巩县县委和豫西地委、八路军豫西抗日独立支队对此事件十分重视，认真总结教训。1945年3月，第五区区干队重建。4月，该区干队配合县独立团在磨盘山参加阻击日伪军的战斗，5月，又在伏山、白河、康坟阻击日伪军的侵袭，有力地打击了敌人。

风土民情

LOCAL RECORDS OF DAYUGOU

生活习俗

婚 嫁

娶 亲 娶亲（迎亲本地叫姻子），男家准备新床，新圈床红裱糊洞房。门贴喜对联，等到那天，三眼铳二根，鼓乐一班（4人、8人不等），花轿两乘，或一轿一马。陪新郎（新女婿）去的有男娶客，殷实户人家有女娶客。早晨，新郎娶前拜祖宗、长辈，然后上轿娶亲。亲朋贺礼者，礼有厚薄之分，厚者，大合礼，大蒸馍24个。女家，衣料，鞋，拜礼。薄者，双合礼，18个大蒸馍，其他有干礼（钱），喜对中堂，红帐联者。到女家，女家迎客时，男娶客为新郎掀轿帘，新郎下轿，由迎宾者引进入席，男娶客现下厨礼，陪客解桌裙，再饮酒吃席。席罢，女家给新郎十字披红绿绸子，帽上插金花（插花两朵）。（古称小登科）。女家送新妇身穿大红吉衣，头蒙盖头（红布）由亲人送出上轿。母亲侍女儿起轿，在地下抓土撒轿上（让她带走一把土安家），然后新郎上轿。花轿将到家，让新郎轿走前，进村。新郎下轿，鼓乐吹吹打打，婆婆迎喜神，迎新媳妇，新人轿到烧铧（用泼烧轿）燎轿（谷草）。两人两边左右各转三圈，落轿，下轿、转布袋、骑马、过圣、新人拜天地，入洞房。乐至，宴宾客，夜晚合卺。本地叫吃四盘菜，新人当天叩头（祖先）拜见长辈，第二天回门。

嫁 女 本地嫁女叫打发客，一般陪嫁妆。由男方当天娶走，并陪被褥两床，衣服有十身八身不等，女儿出嫁前择日摘脸，摘掉上额头发，束脸，用棉线掠去脸上汗毛，上轿前头发挽髻，叫上头，表示已成大人。

中华人民共和国成立后，国家颁布了《婚姻法》，禁止包办婚姻及买卖婚姻，实行婚姻自主，男女双方经过恋爱过程，互相了解，办理结婚登记手续，再举行结婚典礼。中华人民共和国成立初期新娘新郎戴花骑马，后步行。1979年以来，结婚时坐汽车，请鼓乐、演电影、说书也成了常事，过去的繁文旧礼大部从略。

吃喜面

中华人民共和国成立前，妇女生第一胎孩子，不论男女，男方都要到女家报喜，肉一方，酒一壶，女家分给紧门、紧友，告诉吃喜面做满月的日子，回红鸡蛋。瞧闺女时，拿红糖、小米、白面、青菜。做满月时，生男孩送大蒸馍 100 个，生女孩送 98 个，另陪新被褥一床，小孩衣服多身，为了叫孩子成人长寿，给小孩（男）留胎发（叫鳖尾巴）、咬古朵（小拇指）、扎耳朵（左）眼、戴银耳坠，戴红脖圈（将脐带裹入），认干娘（刘、石、常姓），穿十二（岁）红，使人一见就知道是娇孩子，孩子起名有时叫拴劳、铁旦、狗碰、长寿、毛旦、海山等。

祝 寿

中华人民共和国成立前，一般人过生日，叫生日（母难）。老年人庆八十、九十叫祝寿。本地习惯，一般二老健在者，献寿桃（四斤重）1 对；不全者，献寿桃 1 个，内亲、厚友者献衣、鞋，或送寿幛寿联等。亲友送石匾、匾额，一般为歌功颂德之类，如“耆年渊德”“节寿并高”等，主家请来吃寿面、赴寿宴，中午拜寿，寿翁撒寿钱、寿糖。

做生日，少壮年、中年中午吃面条，意思是为母亲嚼灾、消灾。过生日这天防止生气。小孩过生日，干娘家挂锁，十二岁开锁。

中华人民共和国成立后，长时间过生日到现在不变。1981 年以来，祝寿、小孩做满月，也极为铺张，演电影、说书、请鼓乐班成了一般现象。

岁时节俗

春 节 农历正月初一，也叫过年。五更起床，梳洗完毕，点燃柏枝，传说可避瘟灾，然后天地全神摆供，烧香点灯，禁止大声说话。天明吃饺子、穿新衣，同辈人一起逐家给祖先、长辈拜年。中午大改膳，人人喜气洋洋。这一天禁吃包子，一年能不受气，不干活。

破 五 农历正月初五。不准吃烧馍，怕烧坏麦根，不磨嘴，中午吃饺子。

灯 节 农历正月十五、十六两天叫灯节，也叫元宵节。农村办故事，备春社，夜里点灯。十五早上打茶，禁烧馍。十六早上吃饺子，中午大改膳。

正月初二到初五，是闺女走娘家、走亲戚的时间。大峪沟地区习惯蒸大油糕。正月初六到十五，是瞧闺女的时间，风俗蒸枣花馍、炸油条、打甜糕。

十 九 正月十九，下地劳动，中午吃面条。

春节文艺汇演之一

春节文艺汇演之二

清明节为大峪沟革命烈士刘长青扫墓

二月二 农历二月二，俗称龙抬头。天气暖和，气温开始上升，当地习俗本日给天地全神烧香。早上炒玉米花、豆子，中午改膳。

清明节 又称寒食节。这天上坟扫墓，挂纸挂，也叫添墓，以示悼念。逢清明节，机关、学校、人民团体到烈士陵园扫墓，献花圈，怀念烈士，以示悼念。

四月八 群众有句俗话：农历四月八，小麦穿柿花。这时制买收麦工具，轧场，做收麦准备。

端午节 农历五月初五。这天早上，不见红日上山割艾，避邪气，回来插门上，给小孩带五色线，闺女媳妇带香囊（香布袋儿），做狗布袋（内装五谷杂粮）避邪，中午炸糖糕、麻糖、包饺子，喝雄黄酒。

七　夕 农历七月初七。传说每年七月七日夜是牛郎、织女相会时间，牛郎织女人间结婚，犯了王母娘娘规法，将织女抢走，牛郎追到天河边，与织女隔河相望，王母娘娘念在母子情面上，准许喜鹊搭桥，每年七夕二人相会，织女落泪，所以七夕经常下雨，传说是织女哭啦。群众这天中午吃饺子，庆祝他俩相会。

海上桥中秋音乐诗会

大峪沟镇“九九重阳节　浓浓敬老情”活动

中秋节 农历八月十五。中午吃饺子，晚上月升天中，当院放张桌子，桌上摆着月饼、漤柿、石榴、梨等，女性拜月（愿月），因月宫住的是嫦娥，俗话有女不祭灶，男不愿月之说。

重阳节 农历九月九日，这天人们登高赏菊、尝蟹、插茱萸。

九月十七 农历九月十七日，相传财神生日，这天给财神上供。

鬼 节 农历十月初一。这天在坟上烧五色纸，并供饷食物，扫墓。俗话说：十月一，送寒衣。夜里在大门外用青灰围圈，焚香烧纸，供奉食物。

冬 至 农历十一月二十前后，这一夜最长。民间有俗语“吃罢冬至饭，一天长一线。”群众吃饺子，传说不吃饺子冻耳朵。这天进入数九天。

腊 八 农历十二月初八。一说为佛教节日；一说三皇五帝于这天祭天，祭之以五谷。这天吃的饭叫腊八粥（小米、红豆、菜豆、柿饼、花生仁、核桃仁等做成的）。

祭 灶 农历腊月二十三日。传说这天晚上张灶君上天朝见玉皇，人们祈祷灶王爷朝见玉皇时，多说家里的好事，回来多带吉祥事。所以有一副对联：上天言好事，回宫（神位）降吉祥。又一对联：二十三日去，初一五更来。祭灶时供享糖瓜（饴糖），灶爷吃了粘住说坏事的嘴。祭灶是男主人。

方言土语

方 言

各不住——值不得，不屑

岐差——不足

不涉意——不注意，不留心

冷子——冰雹

疑影——疑惑

屹影——由心理作用对某种事、物疑惑

落头儿——赚头儿

游（文）——游走，溜达；转转

各对——凑合、凑乎

对磨——同摄各、凑乎、凑合

合不着——合算不来，不上算

通——的确、确实很。例：香菇通好吃哩

安插——安置

招呼——关照、照看

待见——爱见，溺爱

阁气、合气——生气

拿捏——拘束，不自然

得劲——舒坦，舒服

翻嘴——说疙瘩，捣闲话

烧不透——愣头儿青、暴躁脾气

影影绰绰——似现未现

不照道儿——不按规矩办事儿

虫意儿——鸟类的统称

张精摆怪——失常的行动

扯捞——拉扯

打拐——从中取利

麻晚儿——不懂事

麻缠——麻烦

扳倒——跌倒

哪哩——在哪里，放什么地方

独个儿—— 一个人

胡诌——信口开河，胡说八道

老蔫——老实人

不朝叙——不理不睬

排场——漂亮，阔气

铺摆——①作“计划”讲，例：把事铺摆好；②作“布置”讲。例：屋里铺摆的有条有理

瞎吹胡抡——信口开河，胡说八道

兴许——也许

不省事——糊涂，难缠、不说理

次毛——次等，不好

多早晚儿——啥时候

屹斗事儿——①合伙办一件事儿；②二人斗殴，互相拆台谋算

没材料——愚蠢，笨

直崩崩儿——形容很直，同笔直笔直

抠次——故意找毛病

农 谚

谨慎的庄稼，消停的买卖。

庄稼一枝花，全靠粪当家。

能攒陈粮，不攒陈粪。

扫帚响，粪堆长。

麦焦头，绣女下楼。

七月大，八月小，九月种蒜长不好。

白露种高山，秋分种平川。

一指浅，三指深，四寸就要闷。

入伏犁地划破皮，强似秋后犁十犁。

麦种不选，来年减产。

浸种出苗早，干种苗不齐。

种麦毒谷拌，不怕虫来犯。

没有十成苗，难保十成收。

缺垄谷子满垄麦。

菊花开，麦出来。

立夏麦挑旗，小满麦穗齐。

黄花金，白花银，麦扬红花饿死人。

巧犁耙不胜拙上粪。

腊月三场白，来年好收麦。

麦盖三层被，枕住油馍睡。

连年雪打灯，年年好收成。

雪水化河，麦稀似薄。

冬不冻，虫横行。

春暖麦收，春寒麦丢。

春寒不收麦，冬暖人生灾。

清明到立夏，倒伏最可怕。

人老怕贫，麦老怕风。

四月风，麦落空。

干犁湿和，不胜在家坐。

打春一百，磨镰割麦。

大麦不过小满，小麦不过芒种。

麦熟一响，龙口夺粮。

夏至种芝麻，头戴一枝花。

蜀黍不上粪，只收一根棍。

斑鸠哭，种早谷。

谷秀三场雨，遍地都是米。

麦返青憋满仓，谷子返青一斗糠。

清明前后，种瓜点豆。

重茬豆，打不够。

干锄棉花湿锄豆。

夏至五月头，不种芝麻吃香油。

夏至五月中，十家油房九家空。

立秋种芝麻，老死不开花。

云跑东，关爷骑马带红缨；云跑西，关爷骑马披蓑衣；云跑南，大水潭；云跑北，刮大灰。

蜻蜓低飞燕洗澡，不到天明雨来到。

人勤地生宝，人懒地生草。

正月十五雪打灯，八月十五云遮月。

有钱难买五月旱，六月连阴吃饱饭。

久旱西风雨，久涝西风晴。

早烧云不出门，晚烧云晒死人。

麦收 曹克强 摄

歇后语

喝水拿筷子——多那两道子

哑巴进庙——多叩头少说话

哑巴吃黄连——心里有苦吐不出

哑巴吃饺子——心里有数

闺女穿她娘的鞋——前（钱）头窄

黄鼠狼给鸡拜年——没存好心

鼻涕流嘴里——自个吃自个儿

下雨立当院——淋（轮）着啦

八月十五的月亮——正大光明

网兜抬猪娃——蹄爪都露出来了

马尾穿豆腐——提不起

老鼠跑到风箱里——两头受气

剃头的扁担——不长

瞎子点灯——白费蜡

卖豆腐拉拖车——生意不大架子不小

六个指头挠痒——多那一道子

琉璃公鸡—— 一毛不拔

犁地淹死牛——墒（伤）透啦

瞎子伸指头——指啥哩

小葱拌豆腐—— 一青二白

唱花旦的不擦粉——专门给掌班的扒乱子

一根线上拴俩蚂蚱——跑不了这个也蹦不了那个

寻孩子敲锣——丢人打家伙

蝎子放屁——毒气

八十老公吹喇叭——上气不接下气

狗撵鸭子——呱呱叫

豆腐渣贴门神——不粘板

老牛掉井里——有力使不上

门神卷皂爷——画（话）中有画（话）

戴草帽亲嘴——差得远

冬雪 崔京普 摄

艺文

诗 词

慈云雨中

[金] 元好问

西堂三日雨，气节变萧森。

偃卧复欹卧，长吟时短吟。

钟鱼四山静，松竹一灯深。

重羡禅栖客，都无尘虑侵。

慈云寺

王亥山（侯山）

[明] 王铎

摩荡初无已，辄思倒太玄。

洛暾吸海底，匿卉香人前。

寒暑严为变，灵光庙不前。

景留恬众虑，幽媚可能还。

题赞慈云

［明］ 水怀老人

慈云深处慈云寺，寺隐慈云深处幽。

猿鹤不来松影静，清音输兴老禅流。

题赞慈云禅寺偈

［明］ 懒云道人

翠绿峰峦映碧流，苍松桧柏锁丹丘。

山僧深隐归禅寂，夜雨青灯伴白头。

登 山

［明］ 赵迎

昔我登山未尽头，此心郁郁几经秋。

重过溪涧酬前志，再陟巉岩继旧游。

接地风云随我转，连天景色许谁收。

危峰绝顶堪舒目，观遍明王四百洲。

二老峰

［明］ 赵应斗

山色庄严作碧台，联峰结峙两如来，

金光丈六有薰草，不二法门亘地开。

青龙山纪游

［清］ 孙枝荣

冷沟

主人一杯酒，劳我游山屐。

山行入冷沟，冰雪太古积。

风烈岩石落，泉脉冻滴沥。

乱峰碧插天，天光露微白。

二老谈经峰

天际忽烧红，心知日已夕。
同行四五人，个个无停策。
樵夫炊寒烟，吼之反见责。
下有老龙潭，深蟠千余尺。
语声不自检，十月起霹雳。

慈云寺

夜抵慈云寺，山色隐黄昏。
寺僧谨管钥，戒我夜无出。
晨起急登寻，虎迹傍门室。
猿猴群引至，相将晒朝日。
日照群峰上，峰峰弄颜色。
喜与惧交加，我游如不克。

慈云山色

石人峰

山行随溪转，危磴傍岩高。

日者苦多病，数日兴犹豪。

突见石人山，揽衣便山椒。

峰连三千黛，拱峙分嶕峣。

苍然一石丈，太素容不凋。

不知何代人，独立化层霄。

得非遁世士，白云锁寂寥。

淮南有小山，山中漫相招。

咏青龙山石人

[清] 阎梅

闲中高士静中禅，世外奇人尘外仙。

一顶圆光摩日月，千秋瘦骨挂云烟。

应偕岳丈同观海，曾为娲皇弥补天。

认得老兄惟米芾，肃然袍笏拜当年。

青龙山洞

［清］ 孙汝工

携筇信步入山隈，古洞幽深翠柏栽。

路向荒阴留白雪，门临石磴长青苔。

尘封佛像无今昔，游历人踪有去来。

闲觅残碑摹古篆，夕阳欹下几徘徊。

梦游慈云寺

［清］ 张凌云

秋天空，秋气冲，秋风飒飒秋云重。

秋水盈盈含翡翠，秋山面面削芙蓉。

青龙山石人

我乃宋玉惊秋客，秋来每嫌眼界窄。
一夜飞梦入林泉，琪花瑶草仙人宅。
浮戏山色列翠屏，乱峰则岃郁青青。
顷刻云山落吾手，飘然直上谒山灵。
山灵引入招提境，石弄泉声水气冷。
降魔天骄喷岚光，青龙蜿蜒飞云影。
欲扣天门步银楼，松风长吼海天秋。
无边涛声卷木叶，吹坠梧影碧云流。
引领还登寺之麓，峰名二老摩顶秃。
二老何年跨鹤去，剩有白云锁松屋。
到来意兴迴不凡，捷足一跃踞巉岩。
悬崖壁立千百仞，不攀荆棘攀松杉。
忽然法鼓鸣清昼，慈云寺僧金罡奏。
檐前纷飞天雨花，仙云霭霭出层岫。

青龙探月　李成林　摄

岫云乱起烟凄迷，长空杳杳闻天鸡。
上扪星辰苦有路，下临洞壑疑无蹊。
须臾报道佛光现，苍茫云海蒸奇变。
灿似庆云晕若霞，林岩五色增葱蒨。
灵妙道，真难名，铁笛一声暮烟横。
疑是子建遮须国，直到法华险道城。
揖让侧坐仙人里，左右黄石赤松子。
真人餐我金液丹，玉女赠我珊瑚树。
振衣长啸蹑云端，沧海如掬山如拳。
白鹤健飞势凌厉，神龙欲下复盘旋。
凭虚一身轻如纸，东游石城西罗水。
指点奇峰五十三，欲探风月几千里。
风为马兮宽为裳，云为车兮骖翱翔。
忽魂惊兮以魄动，觉来萧索夜正长。
人生大梦亦如此，利锁名缰胡为尔。
从此窥见造化奇，尽卷乾坤入诗笔。

民间传说

青龙山慈云寺的传说故事

野驴沟的传说 相传，印度高僧摄摩腾、竺法兰，原想于洛阳郏鄏（北邙山）之东建白马寺，一日东游青龙山，顺南山口河道而上老佛湾，觉得此处藏风聚气，幽雅清静，便决定将寺院建在这里。准备好应用建筑材料，择日动工。

一夜，佛祖云游青龙山，见寺圈内金光灿烂。玉兔卫其前，金蟾殿其后，东白虎、西青龙，金象瞻其左，青狮顾其右。仰视有登天之门，俯瞰有黑龙之潭。慈云霭霭而过，香雾缭绕而生，真乃佛光宝地也，胜似佛湾千百余倍！于是传下法旨，差令冷沟野驴大仙，五更前必须将全部材料驮移此处，不得有误。

野驴沟

野驴大仙领了法旨，哪敢怠慢。从下河驮到寺圈，从上河跑到佛湾，四蹄不敢稍停，累得它浑身流汗，气喘吁吁。最后一趟刚运到，公鸡“喔喔”叫起来，野驴大仙回到冷沟，一头栽倒，累死在山沟里。

冷沟东坡有一道很陡的沟，叫野驴沟。沟的深处有一个石洞，叫野驴洞。

八里坡的传说　“八里坡，银子多，九缸十八锅，没有寺圈一半儿多。”这段话在当地群众中流传很广。那么，八里坡、寺圈是不是有很多银子，很难说。银子在哪藏着，更没人知道。

从前，慈云寺有一位方丈，治寺有方。他经常琢磨有关八里坡、寺圈藏银子的话，久而久之，悟出一条真理。

一天，他命令弟子击法鼓、鸣佛钟，聚佛门众弟子于佛祖之前，念罢佛经说：“佛祖传下一道法谕：八里坡，银子多，九缸十八锅。但佛祖没有指明埋在八里坡什么地方。佛法无边，佛法平等，大家说咋个找法？”众僧人异口同声说：“大家动手刨。”方丈笑而允诺。

于是，众僧人争先恐后，齐心协力，开山破石，披荆斩棘。日出而作，日落而息，兢兢业业，不遗余力。苦挖三年，一块银子也没有挖到。可是，工夫没有白搭，八里荒坡成了一片良田。六月麦浪滚滚，八月黍米金黄。桃、杏、李、梨尝不尽，粮仓、钱柜满当当。从此慈云寺兴盛起来了，香客八方云集于此。方丈达到目的，笑了，众僧吃到甜头，也笑了。

一天，方丈聚众讲经，有个小和尚笑眯眯地对方丈说："方丈，佛祖法谕：'八里坡，银子多'，叫我看还没寺圈一半多，不知您老人家信不信？"方丈已知话意，却故意问："你说说银子在哪？"

小和尚指了指众僧说，"方丈，人心齐，泰山移。只要咱大家拧成一股绳，叫寺圈也像八里坡那样变成良田，寺院的钱柜子不就得变成银子窑，更何况咱慈云寺，东到铁佛寺，西到石人峰，南至盘龙尖，北至普宁寺，这么大地盘儿，如果都开出良田，您算算，该有多少银子收入！"

老方丈双手合十："阿弥陀佛！慈云寺后继有人了。"

传说这个小和尚就是南宗顺禅师，他从小就才智过人，胸怀大志，勤修苦练，身获武功，后来成为慈云寺方丈。

他率领众僧，夜以继日，修田筑堰，开出良田千亩。并在石子河阴阳两坡植树造林，使青龙山明媚秀丽，花红柳绿，四时有享用不尽的山果，八节有观看不尽的美景。

慈云寺

二祖除妖蛛 在青龙山慈云寺的后上方，二老谈经峰西邻，有个地方叫天门沟。天门沟位于大小天门之间，沟狭而深，直通云霄，形似天门。这里丛林封闭，葛藤茂密，别说人进不去，即使猿猴也难以攀登。

传说很多年前，在天门沟深谷的一个石洞中，栖居着一个筛子般大的花蜘蛛。它长年在洞里吐丝结网，捕捉不幸撞网的飞禽走兽。时间久了，得天地之灵心，集日月之精华，成了精灵，并能幻化成人形，特别是能变成窈窕淑女，迷惑过往行人。它能在夜间把蛛网变成灯光通亮的楼阁，专门迷惑那些世俗孽根、轻浮情种，也不知有多少迷恋美色的年轻人，被它掳进洞中，先取其精髓，再吮其血肉，洞深处的白骨堆成了堆。

天竺高僧在青龙山建起慈云寺，蜘蛛精慑于佛祖的威严，安静了一段时间。随着朝山拜佛的善男信女增多，蜘蛛精技痒难耐，又重新施展妖术，祸害世人。甚至连慈云寺的小沙弥也不放过，香客和沙弥失踪之事时有传闻。

寺内的天竺高僧摄摩腾和竺法兰闻听常有人员失踪之事，十分震惊，通过查寻，知道是妖孽作怪。一天傍晚，二人登上谈经之峰，见西南数里之遥的天门沟深处灯光闪亮、华楼隐约，摄摩腾、竺法兰师祖都是经过多年修炼的得道高僧，况且自幼练瑜伽真功，一看便知是蜘蛛妖。二人当即商议，拟用霹雳剑斩除蜘蛛精。

原来蜘蛛吐丝结网，最怕的是霹雳火光，而摄摩腾师祖最拿手的武功就是霹雳剑，可在数百步之间祭起宝剑，携雷带电劈向对手。因是佛门中人，摄摩腾的这一功夫不到迫不得已轻易不肯使用。

当夜，二高僧打坐运功，直到三更，便步履轻捷登上天门峰。摄摩腾对妖蛛喊道："山间妖蛛，祸害人世，还不快快出来受死！"妖蛛自知罪孽深重，却凭借多年来练成的妖术，迅速吐丝结网，隐身网中，以图自保。摄摩腾此时祭起霹雳剑，只听"喀嚓嚓"一声巨响，耀眼的一道电光闪过，蛛网一段段散落，蜘蛛精已身首异处。

从此以后，天门沟妖氛散尽，山清水秀。但二祖斩除妖蛛的故事，不但在慈云寺刻碑留记，也在百姓中口耳相传。到了明朝，吴承恩在这里撰写《西游记》，也把这个故事写进书中，即"盘丝洞"也。

黑龙潭里钓狞龙 青龙山有座镇海峰，镇海峰下有道一线天峡谷，谷中有深潭，原来潭有半亩地之大，却深不可测。

汉朝时，传说这深潭里有个怪物，天长日久潜伏在水中，专门吞食来潭边饮水的野兔、狐狸等动物，后来放羊人常常发现羊少了一只又一只，却不知道怎么少了，还以为是被狼羔子叼走了。于是，放羊人就带上牧羊犬。有一天，牧羊犬护着羊群来饮水，那怪物蹿出水面，把牧羊犬也给吞吃了。于是，人们都说潭里有恶龙，传得神乎其神。

当时慈云寺刚刚创建不久，一天，两个小沙弥来潭边取水，其中一个刚到潭边，就被潭中蹿出的怪物吞吃了。另一个急忙跑回寺院报信。寺中的长老摄摩腾大和尚听说后大怒，他不相信有什么恶龙，命人打了个二十来斤重的大钓钩，用十余丈的皮绳做钓线，用几只烧熟的兔子作钓饵，站在镇海峰上，将鱼饵放入潭中。感觉钓钩被咬，就命数十个和尚往上拉，竟从潭中钓出了一条两丈多长的大黑鲇鱼来。从此之后，这里风平浪静。

至今，慈云寺的碑文上还记载有“黑龙潭里钓狞龙”的故事，就是指的这件事。

黑龙潭　石保定　摄

名人与名镇

LOCAL RECORDS OF DAYUGOU

牛瑄

牛瑄，字仲温、芝生，号温斋、励庵、小梧、荔庵，生于道光十年（1830年），卒于光绪三年（1877年），享年47岁。他敏而好学，为练好字，常以沙盘作纸，筷子为笔，或以膝盖为纸，手指为笔，致筷子磨短，裤子磨破。为增进学业，在老庙山将军寨习读，久不回家。一次趁他过年回家探亲，其父告诫他：“过年可误读书，读书不误过年，当知业精于勤荒于嬉！”牛瑄连夜回寨。他恪遵父谕，潜心攻读。在书法上，他的字圆融道健，刚柔得体，笔到意随，章法通畅。他博通经史，文章义蕴精深，笔墨酣畅。自道光二十六年（1846年）以来，河南凶年饥岁，连续不断，尤其光绪三年（1877年），灾情更重，民不聊生，牛瑄往访故友江苏巡抚吴文炳，筹借粮款，赈济灾民，不幸逝世于上海。巩县、汜水县18村72位知名人士，联名赠“行乎时望”懿行大木匾一幅，以表彰牛瑄之善行。牛瑄和“康百万”家是儿女亲家，康道平（号坦园）之孙女，乃牛瑄之长媳，两家交往甚密。康家现存有牛瑄撰写的屏、联、诗、文多幅。同治十年（1871年）正月，牛瑄给康家写的“留余匾”今仍额其堂，被誉为中华名匾，是康百万庄园镇园之宝。

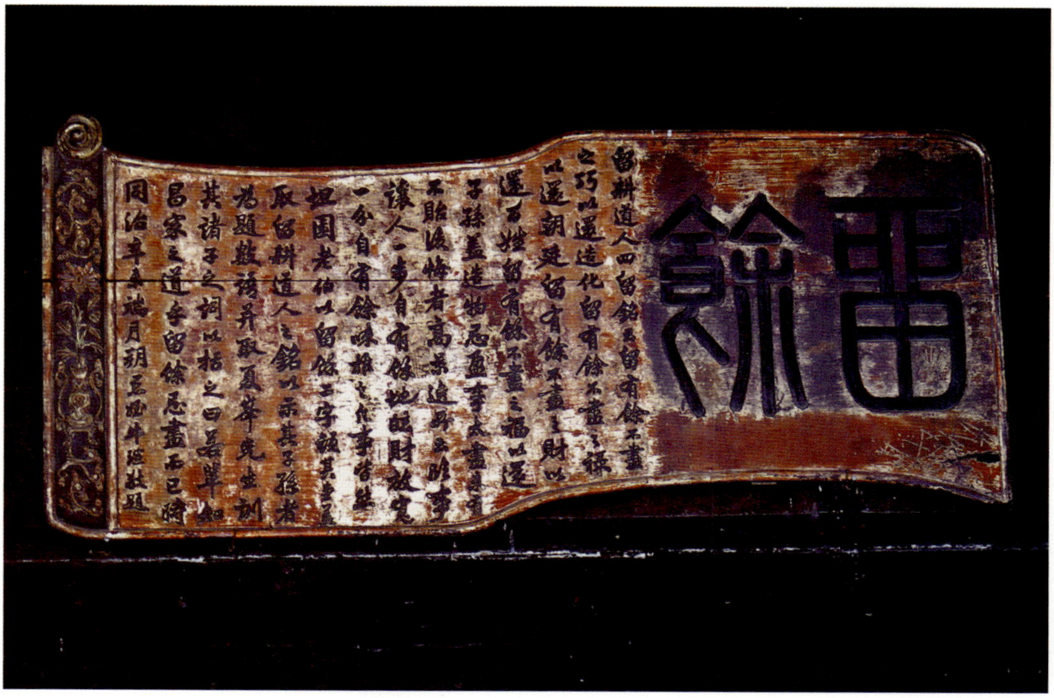

牛瑄撰书“留余匾”

杨奉朝

杨奉朝（1917—1946年），男，河南温县人。自幼好玩枪支，对于长短枪支，皆能熟练地拆卸和安装，并练就了一手好枪法。

1938年，日军占领河北后，奸淫烧杀，无恶不作，杨弃家南渡至巩县，在赵沟村认一干娘暂且存身。后和油店村进步青年戚廷生相识。二人经常交往，情同手足，成了亲密战友，戚动员杨参加了革命工作。

1944年11月，戚奉命来大峪沟地区组建抗日第五区，杨一同前来，后杨被巩县抗日政府任命为巩县抗日第五区区干队长。他任职后，既能团结同志，又能接近群众。平时和部下同甘共苦，战时身先士卒。在孝义、白河、康坟各次战斗中，他总是冲锋在前，英勇作战。上级布置的各项战斗任务，他总是想尽办法，出色地完成。杨奉朝经常化装成教师模样，到站街、孝义等地刺探军情。有一次，他从孝义回来，道经北官庄岭时，被敌伪岗哨盘查，他称自己是小学教师，在民权村后泗河寺圈任教，敌伪人员问寺圈的几个当地人，他能一一答复，敌人才把他放行。因为杨平时密切联系群众，认识人很多，所以这次才能脱险。

1945年5月，杨奉朝和刘沟村刘俊结婚，杨到刘家落户。同年6月，杨奉命调往老三团迫机炮连当排长，同年9月随军南下。

1946年3月，杨回巩县执行留守及善后任务。在刘家刚住3天，因刘标告密，杨被保安团李武营抓住，往白河乡公所押送。行至大峪沟附近的栗子沟，杨被李投入废煤窑井筒内，壮烈牺牲。

1948年巩县解放后，第五区人民政府派人将烈士遗骨打捞出来，安葬在玉皇庙大路墙根窑内。1976年春，迁葬于凉水泉水库东坡薄家洼，并立碑植树，建造小型陵园。

刘长青

刘长青（1887—1945年），大峪沟村人。1945年任大峪沟村农会主席，1945年9月牺牲，享年58岁。

1887年，刘长青出生于一个贫苦的农民家庭，幼年家境贫寒，吃不饱，穿不暖，靠给人卖苦力读了几年私塾。青年时期，为了养家糊口，他先后到黑龙江、河北等地做苦工，又曾到新中镇张诰开办的煤矿下窑拉托，期间一次窑顶塌方砸断了左腿。在旧社会，无论他怎样没日没夜地干，到头来还是过着牛马不如的生活。

1944年春，日伪军由郑州沿陇海线西进，巩县沦陷。当时的日本兵、皇协军、伪县政府、地方匪徒烧杀抢掠，无恶不作。1944年初秋，皮定均司令率领豫西抗日独立支队来到巩县，驻扎在上庄。同年10月，八路军成立了巩县抗日人民政府，在各村建立农会组织，并在各村开展赎地运动，也就是把农民在大旱之年低价卖给地主的土地、房屋等，由农会主持，原价退给农民。

1945年年初，刘长青同志出任大峪沟村农会主席，他当时的任务有四项：一是赎地，二是除奸反霸，三是减租减息，四是扩军，为抗日队伍输送兵员。他在任职期间，勇敢地站在贫雇农的立场上同地主恶霸做坚决的斗争，维护了农民的利益。

1945年8月15日，日军投降后，皮部奉命南下，原来的汉奸、日伪军摇身一变成了中央军地方武装——“自卫团”，他们对抗日政府人员、进步人士进行大搜捕、大屠杀。同年农历九月初一，刘长青被杀害于玉皇庙村。1949年被巩县人民政府追认为烈士。

孙克明

孙克明（1919—1949年），陕西西安人，原在国民党三十八军当副连长。1943年在中条山对日作战中被俘，后被押送邯郸日军大本营。因为没监狱，俘虏被关在闷子车里，同时被关的还有一个女同志张凤（原在中条山一带做地方工作），二人趁下午放风之机，协同逃跑，由张凤带路，找到八路军部队，参加革命工作。

1944年7月，孙克明随八路军来巩县后，担任豫西先遣抗日支队工作站站长。他首先到小关一带联系余学铭、张良贵等进步人士，经过艰苦曲折的斗争，开辟了巩县抗日第一区政府。同年11月，又进入大新乡区域内，在石榴院同戚廷生、杨奉朝等建立了巩县抗日第五区政府。1945年2月，进入三官庙一带，协助吴潭、许亭等又建立了巩县抗日第六区政府，并担任区长，健全了抗日第六区的组织机构。

孙克明对工作认真，待人热情。在抗日各区工作时，曾多次率领区干队到汜水一带割电线、攻炮楼，战绩昭著。

1949年1月，孙克明升任八路军13纵队某部团参谋，3月参加解放太原战役不幸牺牲，年仅30岁。

王广亚

王广亚

王广亚（1922—2015年），男，豫籍台湾教育家，出生于海上桥村，1948年兴教办学。他早年毕业于日本亚细亚大学，先后获得美国加州联合大学、韩国清州大学、日本创价大学等校名誉博士学位。王广亚先生先后获得“中国民办教育终身成就奖”“中国突出贡献教育人物”“感动中原60年60人”“新中国成立70周年‘河南省突出贡献教育人物’特别奖”等殊荣。

20世纪90年代初，王广亚用毕生积蓄2亿多元人民币，与郑州大学合作，创办了河南省首个本科层次的郑州大学升达经贸管理学院，在中原大地开创了中国民办本科教育之先河。2004年，他捐资创办了河南财经政法大学成功学院，学校于

海上桥村文化剧场

2012年转设为独立设置的普通本科高校，2018年11月更名为郑州商学院，是河南省首家独立设置的商学院。他还先后捐资为巩义市的小学、中学修建教学楼、钟塔；向省内学校捐赠电脑、设立奖学金等。他还多次修缮学校、筑路打井、赈灾救济，先后捐资500多万元建设海上桥村小学、文化广场、文化大院，为山区乡亲们打机井、修建乡村水泥公路等，为河南台前县灾区捐赠棉衣，设立100多万元勤工助学资金，救助贫困生。20世纪90年代，捐建升达艺术馆，将自己多年收藏的名家字画捐赠给艺术馆。

烈士名录

序号	姓名	性别	出生年月	籍贯	参加革命年月	入党（团）年月	牺牲年月、地点	牺牲时所在单位、职务	备注
1	赵万川	男	1919年	民权村	1944年		1945年6月于大峪沟石榴院	皮定均部司务长	
2	白有林	男	1928年3月	民权村	1944年9月		1949年于四川省重庆市	重庆市公安局水上分局战士	
3	崔志修	男	1911年3月	民权村	1944年		1945年8月于民权北洼	皮定均部区干队中队长	
4	张光华	男	1928年2月	海上桥村	1948年10月	党员	1951年12月于朝鲜	志愿军九十一团运输连排长	又名张维杰
5	张大河	男	1924年	将军岭村	1944年9月		1944年12月于站街	巩县五区抗日政府区干队战士	
6	张书房	男		将军岭村	1944年9月		1945年8月于黑虎山	皮定均部独立团战士	
7	张聚福	男	1921年	将军岭村	1945年3月		1947年1月于山东省孟良崮	六十一军一八一师五四二团战士	
8	张　黑	男	1923年	将军岭村	1945年3月		1946年7月于湖北磨子潭	二十三师二团六连班长	1961年5月追认
9	李当聚	男	1924年	董陵村	1945年1月		1945年9月于登封县	皮定均部区干队战士	
10	李成才	男	1929年4月	董陵村	1944年		1947年于江苏省清江镇	皮定均部副排长	
11	焦改性	男		韩閤村	1945年		1945年8月于涉村	皮定均部八大队战士	

续表

序号	姓名	性别	出生年月	籍贯	参加革命年月	入党（团）年月	牺牲年月、地点	牺牲时所在单位、职务	备注
12	韩元升	男	1926 年	韩阴村	1944 年		1945 年于小关竹林庙	皮定均部区干队战士	
13	杨茂亭	男	1910 年 1 月	黑龙潭村	1944 年 9 月		1944 年 12 月于站街	皮定均部班长	
14	张金声	男	1922 年	将军岭村	1945 年 7 月		1945 年 7 月于大峪沟火石岭	皮定均部区干队战士	
15	杨毛妮	男	1925 年	黑龙潭村	1944 年		1945 年于巩县	皮定均部战士	
16	耿茂恩	男	1926 年	钟岭村	1945 年	1946 年入党	1948 年 6 月于山西省	五四二团五连班长	
17	张三	男	1928 年	大峪沟村	1945 年		1945 年 12 月于站街	皮定均部战士	
18	吴银松	男	1917 年	大峪沟村	1944 年		1945 年于站街	皮定均部战士	
19	刘其林	男	1920 年	大峪沟村	1949 年 9 月	党员	1952 年 2 月于新疆乌鲁木齐市	六十七师副班长	
20	张光伦	男	1927 年	杨里村	1948 年 10 月		1952 年于朝鲜	志愿军四十五师一三五团五连班长	又名张三妮
21	张光弟	男	1927 年 8 月	王河村	1946 年		1948 年 10 月于陕西省澄城县	一纵三五八旅七一四团六连战士	又名张宏
22	张树臣	男	1915 年	王河村	1944 年 11 月		1945 年 7 月于正阳县	皮定均部八大队三分队分队长	
23	张兴林	男		王河村	1944 年 9 月			皮定均部战士	
24	赵学理	男	1930 年 3 月	杨里村	1948 年 11 月		1949 年 6 月于四川省	四川省军区炮团战士	又名赵妮
25	张宇龙	男	1926 年	杨里村	1947 年 8 月		1952 年 11 月于朝鲜	志愿军二十军一二二团副班长	又名张无奎
26	张友成	男	1944 年 10 月	将军岭村	1965 年 3 月	1963 年 10 月入团	1965 年 8 月于四川省重庆市	三五二仓库政治处战士	
27	刘梦恩	男		杏花村	1948 年		1953 年 10 月于广西古谭县	二一九师六五五团三连副班长	又名刘绪锁刘子成
28	杨林	男		黑龙潭村	1943 年		1945 年于湖南省	皮定均部战士	

续表

序号	姓名	性别	出生年月	籍贯	参加革命年月	入党（团）年月	牺牲年月、地点	牺牲时所在单位、职务	备注
29	牛春喜	男		黑龙潭村	1944 年		1945 年于云南省	皮定均部战士	
30	王文升	男	1930 年	民权村	1948 年 11 月		1950 年于广西德兴县	四十三师通讯连战士	
31	张天保	男		海上桥村	1945 年 2 月		1952 年 4 月	西南军区后勤部军需部炊事员	
32	张天才	男	1928 年 1 月	王河村	1948 年 5 月		1948 年 11 月于山东省	八纵二十三师战士	
33	张　荣	男		董陵村	1944 年		1945 年于南阳县	皮定均部八大队四中队战士	
34	张荣玉	男	1925 年	杨里村	1945 年 8 月		1953 年	五十三师一五七团八连战士	
35	李占清	男		新山村	1944 年 1 月		1945 年 8 月于光山县	八纵战士	
36	李　兰	男	1922 年	钟岭村	1949 年		1953 年于四川省	四十三师八连战士	
37	刘长青	男	1897 年	大峪沟			1945 年 10 月于大峪沟玉皇庙	皮定均部大峪沟村农会主席	
38	岳　跃	男	1931 年 3 月	岳寨村	1948 年 10 月		1949 年于云南省	四野战士	又名岳文祥，1961 年追认
39	岳　西	男	1916 年	岳寨村	1944 年		1945 年于米河高庙	皮定均部战士	
40	张　现	男	1903 年	岳寨村	1944 年		1945 年于北山口白河村	皮定均部区干队战士	
41	姜荣宪	男	1949 年 12 月	岳寨村	1971 年 3 月	1966 年入团	1971 年 7 月于信阳市	八二〇三部队战士	
42	胡金聚	男	1902 年	玉皇庙村	1944 年		1944 年 12 月于站街	皮定均部区干队战士	
43	胡法茂	男		玉皇庙村	1944 年		1944 年 8 月于黑虎山	皮定均部战士	
44	温存玉	男		胡家沟村	1945 年 4 月		1945 年 8 月于登封县	皮定均部供给部战士	

印象大峪沟

LOCAL RECORDS OF DAYUGOU

陈天然作品

陈天然　农忙　素描　1962 年

陈天然　采石民工　素描　1962 年

刘杰作品

刘杰 巩义青龙山写生之一 油画 100厘米×70厘米 2018年

刘杰　巩义青龙山写生之二　油画　100 厘米 ×70 厘米　2018 年

刘杰　巩义青龙山写生之三　油画　100 厘米 ×70 厘米　2018 年

刘杰　民权村　油画　60厘米×73厘米　2013年

丁一林作品

丁一林　海上桥写生　油画　60 厘米 ×80 厘米　2013 年

段正渠作品

段正渠　新路　水彩　32 厘米 ×41 厘米　2014 年

段正渠 雨后风景 色粉 水彩 32厘米×41厘米 2014年

王琨作品

王琨　海上桥写生　油画　60 厘米 ×80 厘米

王辉作品

王辉　海上桥写生　油画　60厘米×80厘米　2013年

李运江作品

李运江　海上桥写生之一　油画　70 厘米 ×70 厘米　2014 年

李运江　海上桥写生之二　油画　70 厘米 ×70 厘米　2014 年

程兆星作品

程兆星　海上桥写生之一　油画　73厘米×64厘米　2014年

程兆星　海上桥写生之二　油画　73 厘米 ×64 厘米　2014 年

程兆星　海上桥写生之三　油画　73 厘米 ×64 厘米　2014 年

程兆星　海上桥写生之四　油画　73 厘米 ×64 厘米　2014 年

毛本华作品

毛本华　村　油画（布面）　61 厘米 ×50 厘米

毛本华　民居　油画

于会见作品

于会见　香屿　油画（亚麻布面）　190 厘米 ×146 厘米　2006 年

左国顺作品

左国顺　风景　油画

赵维华作品

赵维华　海上桥老门　水彩　39 厘米 ×54 厘米

赵维华　海上桥老屋　水彩　39 厘米 ×54 厘米

赵维华　海上桥门楼　水彩　54 厘米 ×39 厘米

赵维华 海上桥绣楼 水彩 39 厘米 ×54 厘米

石秀作品

石秀　海上桥之一　画布油彩　45 厘米 ×60 厘米　2016 年

石秀　海上桥之二　澳松坂油彩　50 厘米 ×61 厘米　2013 年

石秀　纪念消逝的风景　画布油彩　95 厘米 ×160 厘米　2014 年

石秀　河洛雪　油画　180 厘米 ×126 厘米　2005 年

田志作品

田志　淡彩写生　慈云寺之一　41厘米×32厘米　2015年

田志　淡彩写生　慈云寺之二　41 厘米 ×32 厘米　2015 年

田志　土崖　油画　60 厘米 ×49 厘米　2012 年

马勇作品

马勇　海上桥学校　油画　73 厘米 ×60 厘米

赵维平作品

赵维平　门楼　油画　40 厘米 ×30 厘米　2017 年

赵维平　王广亚故居　油画　30厘米×40厘米　2019年

刘建伟作品

刘建伟　河洛家园一　油画　130 厘米 ×140 厘米　2013 年

刘建伟　河洛家园二　油画　160 厘米 ×100 厘米　2013 年

吴京埗作品

吴京埗　海上桥　油画　80 厘米 ×100 厘米　2013 年

陈永生作品

陈永生　春绿　油画　50 厘米 ×120 厘米

邬建作品

邬建　厚土一　国画　46 厘米 ×68 厘米　2011 年

邬建 厚土二 国画 46厘米×68厘米 2011年

周喜增作品

周喜增 风景 油画 80厘米×80厘米 2014年

王圣松作品

王圣松　海上桥之一　油画　33 厘米 ×44 厘米　2015 年

王圣松　海上桥之二　油画　50厘米 ×60厘米　2013年

姚小伟作品

姚小伟　海上桥写生之一　油画　60 厘米 ×80 厘米　2019 年

姚小伟　海上桥写生之二　油画　60厘米×80厘米

姚小伟　海上桥写生之三　油画　60 厘米 ×80 厘米　2010 年

姚小伟 海上桥写生之四 油画 60 厘米 ×80 厘米 2019 年

刘磊作品

刘磊　海上桥之一　油画

刘磊　海上桥之二　油画

石磊作品

石磊　海上桥的春天之一　油画　60 厘米 ×73 厘米　2014 年

石磊　海上桥的春天之二　油画　60 厘米 ×73 厘米　2014 年

石磊　记忆之老巷　油画　120 厘米 ×100 厘米　2014 年

石磊　记忆之路灯　油画　120 厘米 ×100 厘米　2014 年

杨波作品

杨波　白云初升　油画　50 厘米 ×50 厘米　2014 年

杨波　巩义高架桥　50 厘米 ×50 厘米　2015 年

杨波 海上桥印象 油画 30 厘米 ×30 厘米 2015 年

杨波　在河之南　布面油画　120 厘米 ×120 厘米　2015 年

大事纪略

LOCAL RECORDS OF DAYUGOU

慈云寺

慈云寺修建

公元64年，印度高僧摄摩腾、竺法兰在青龙山中创建慈云寺，被誉为“释源祖庭”“华夏作寺之始”。历经沧桑，几度兴废，经汉、唐、宋、元、明、清多次敕建重修，1998年，再次恢复为建制齐全的丛林。其中古代石刻101通，包括记事碑52通，塔铭43方，旗杆夹1座，佛教石刻造像、经幢5件，慈云寺石刻为全国重点文物保护单位。

孝大铁路修建

孝大铁路于1974年11月26日开工，1983年11月30日建成通车，是一条煤炭运输专用线。全长16.5千米，其中正线12.474千米，站线4.026千米。总投资1847.4万元，年货运量100万~200万吨。孝大铁路建成30多年来，为巩义经济的繁荣以及支援国家建设做出了不可磨灭的贡献。

孝大铁路（摄于 1987 年）

大峪沟撤乡建镇

1990 年 2 月 15 日，经河南省人民政府批准，大峪沟撤乡建镇。

大峪沟镇获国家卫生镇

2006 年 7 月，大峪沟镇被全国爱卫会确定为国家卫生镇。2010 年、2014 年、2017 年 3 次通过复验。

河南省耕生耐火材料有限公司上市

2007 年 4 月 25 日，公司在美国纳斯达克成功上市，募集资金 1000 万美元。公司先后与清华大学等多所国内外高校开展技术合作，开发 50 多个新产品，9 个填补国家和河南省空白，4 个获国家部委科技进步奖，4 个获河南省科技进步奖。产品远销美国、俄罗斯、日本等 10 余个国家。

集中式光伏电站并网发电

2016 年 12 月 23 日，十一科技投资 4.5 亿元的 40 兆瓦集中式光伏电站并入国家电网，年发电量 4400 万度。2017 年，建成 4MWp 分布式光伏电站，“种植”光伏树近 500 棵。2018 年，在岳寨村建成光伏树主题公园一座。

集中式光伏电站

大峪沟镇获评为河南省文明镇

2017 年 4 月，经过申报推荐、组织考评、征求意见、公示公告等环节，大峪沟镇被河南省评为 2016 年度文明村镇。到 2019 年，全镇有 16 个村（单位）被评为在届的文明村、文明景区、文明单位、文明学校。

大峪沟镇党建主题文化公园建成

2017 年，对镇区峪瀑园进行改造提升，打造集思想教育、休闲健身、陶冶情操于一体的党群教育基地，建成集党建、廉政、文化、休闲娱乐于一体的综合性党建主题文化公园。

大峪沟镇党建主题公园一角

海上桥入选中国传统村落名录

2019年6月，海上桥村被住建部列为中国传统村落。海上桥传统村落大部分建于清中晚期，占地总面积22400平方米。现存院落21个、窑洞75孔，楼房42幢80余间。有各级文物保护点24处。2014年7月，被列入第二批河南省传统村落名录。2016年1月，被列为河南省第七批文物保护单位。

中国传统村落——海上桥村一瞥

大事记

东汉明帝永平七年（公元 64 年），印度高僧摄摩腾、竺法兰创建慈云寺。

明代宗景泰二年（1451 年），巩县主持僧觉顺重建慈云寺。

清高宗乾隆四十八年（1783 年），重修慈云寺。

1944 年 11 月，中共巩县县委工作站站长孙克明到大新乡进行抗日宣传活动。

1944 年 12 月，巩县第五区抗日民主政府在钟岭村成立。

1945 年 3 月，巩县第六区抗日民主政府在董陵村成立。

1948 年 4 月 7 日，大峪沟解放。

1952 年 10 月，巩县建立第九区政府，今大峪沟镇现辖范围始成一体。

1956 年 2 月，巩县撤区改为中心乡制，今大峪沟镇现辖范围分属玉皇庙乡、新山乡、杨里乡、白河乡管辖。

1958 年 10 月，公社地址由玉皇庙迁到大峪沟，时为大峪沟钢铁人民公社。

1958 年 11 月，大峪沟煤矿正式兴建。

1959 年 11 月，大峪沟、河洛、站街等地群众联合修建岳杨湖水库。

1961 年 5 月，缩小公社，改为大峪沟区。大峪沟区辖王河、董陵、新山、鲁村 4 个公社。大峪沟公社所属薛庄、黑龙潭、大峪沟、钟岭、张沟、刘沟、寨坡 7 个大队划归上街区。

1963 年 3 月，恢复人民公社，王河、董陵、新山 3 个公社合并为玉皇庙人民公社。

1965 年 4 月，大峪沟人民公社划归巩县，与玉皇庙人民公社合并为大峪沟人民公社，社址为大峪沟。

1974 年 11 月 26 日，孝大铁路开工。

1980 年 3 月，郑洛公路改线通过大峪沟。

1981 年 9 月，大峪沟煤矿设立大峪沟煤矿农业办公室，将磨岭、岳寨、玉皇庙、胡家沟划归煤矿农业办公室管理。

1984 年 1 月，大峪沟人民公社改为大峪沟乡人民政府。

1984 年 2 月，大峪沟煤矿农业办公室更名为大峪沟矿区办事处，归大峪沟矿务局领导和管理。

1990 年 2 月 15 日，大峪沟撤乡建镇。

1991 年 10 月 29 日，撤销大峪沟煤矿，成立郑州市大峪沟矿务局。

1994 年 11 月，刘沟村和寨坡村的第 1 村民组划归竹林镇管辖。

1997 年 7 月，大峪沟矿区办事处与大峪沟镇政府合署办公。

2001 年 4 月 30 日，青龙山慈云寺景区正式开放。

2003 年 3 月，大峪沟镇入选郑州市社会经济综合实力“三十强”乡镇。

2003 年 9 月，大峪沟镇入选全省乡镇综合实力 100 强。

2006 年 6 月，张沟村并入竹林镇。

2006 年 7 月，大峪沟镇荣获国家卫生镇。

2007 年 4 月 25 日，河南省耕生耐火材料有限公司在美国纳斯达克成功上市。

2007 年 8 月，郑州青龙山慈云寺景区有限公司成立，景区对外开放。

2013 年 5 月，国务院公布第七批重点文物保护单位名单，慈云寺石刻榜上有名。

2013 年 7 月，寨坡村并入竹林镇。

2014 年 3 月，青龙山慈云寺景区举办首届桃花祈福文化节。

2014 年 10 月，民权村被评为中国最美休闲乡村。

2016 年 1 月，海上桥村落被列为河南省第七批文物保护单位。

2016 年 6 月，投资 4.5 亿元的巩义市兴元新能源科技有限公司 40 兆瓦光伏发电项目开工。

2016 年 12 月，巩义市兴元新能源科技有限公司 40 兆瓦光伏电站并网发电。

2017 年 4 月，大峪沟镇荣获河南省文明镇。

2017 年 9 月 28 日，融创（中国）控股有限公司与巩义市签订合作框架协议，投资 450 亿元建设云智小镇、慈云小镇。

2017 年 10 月，生态水系东泗河段开工。

2017 年 11 月，党建主题文化公园对外开放。

2018 年 3 月 26 日，融创云智小镇项目开工。

2018 年 4 月 17 日，浙江大学与巩义市政府签约，投资 155 亿元建设浙大科技产业园。

2018 年 10 月，全国首个“光伏树主题公园”建成开放。

2018 年 12 月，全镇 22 家农村集体经济合作社成立。

2019 年 6 月，新山村并入竹林镇，河洛镇官殿村并入大峪沟镇。

2019 年 6 月，海上桥村入选中国传统村落名录。

口述史

LOCAL RECORDS OF DAYUGOU

十年坎坷磨一剑——孝大铁路

文：阎兴业

孝大铁路，是一条煤炭运输专用线，东至大峪沟煤矿红旗井，西到巩义市区接省化工厂专用线，和陇海铁路相通，全长16.5千米，其中正线12.474千米，站线4.026千米（最初设计全长15.91千米，其中正线11.81千米，站线4.1千米）。1974年11月26日动工，1983年11月30日建成，国家包干投资950万元，实际累计总投资1847.4万元，年货运量100万~200万吨。孝大铁路建成30多年来，为巩义经济的繁荣以及支援国家建设做出了不可磨灭的贡献。

大峪沟煤矿1958年11月始建，年产量逐年提升，由30万吨渐至50万吨，因增开矿井，到1975年达90万吨。仅靠汽车外运，完全不能满足经济发展的要求。1974年，省革委组织省建委、省煤炭局、郑州铁路局及洛阳分局、开封地委、巩县革委、新大铁路指挥部、大峪沟煤矿等单位有关人员，通过十余天的联合考察，确定孝大线方案。即从河南化工厂专用线接轨，由该厂西侧、磷肥厂西南角，向东跨石河道，过官庄岭，经白河、水地河、白窑、薛庄、黑龙潭等地，穿磨盘山至大峪沟煤矿。建立河南省孝大铁路建设指挥部，由国家投资950万元，采用大包干形式，由巩县承包完成。由开封地区负责组织物资供应，由郑州铁路局解决铁路专用器材。

1974年11月26日，孝大铁路建设正式开工，由6000多名民工和县直各部门30多个单位同时行动。磨盘山下，石河两岸，黑龙潭边，官庄岭上，砸石子的、挖土方的、打探井的、运物料的，人声鼎沸，机器轰鸣，红旗招展，干劲十足。

1975年年底，全线共完成土石方229.2522万立方米，桥涵48座，为铺轨奠定了基础。全线共征用孝义公社西沟、孝北2个大队，北山口公社常庄、北官庄、白河、水地河、白瑶5个大队，大峪沟公社薛庄、黑龙潭、苇园、钟岭、大峪沟5个大队的土地，共734.52亩，其中耕地634.18亩，非耕地3.14亩，荒山地66.2亩，搬移居民46户，拆迁房屋24间、窑洞109孔。

1977年10月，孝大铁路全线路基、桥涵、隧道、线路上部建筑等主要工程全部完成，具备了简易通车条件。购进两台蒸汽机车，机车两次由孝义开到了大峪沟。但是，通信信号系统、装车设施、巩县车站改建工程均未完成。路基需整修，隧道漏水需灌浆充实，一些拱涵需加固，所需的建筑材料，如水泥、钢材、枕木、原木都没有到位。

1983年11月30日，孝大铁路全面建成通车。机车牵引着十节车厢，由孝义驶向大峪沟，火车一声长鸣，缓缓驶向流煤仓。“火车一响，黄金万两。”十节车厢全部装好已到下午，第一趟装满大峪沟煤炭的列车向西，向西，奔向了远方！

十年磨一剑，甘苦自心知。孝大铁路，历经艰难坎坷，在巩县几十万人民矢志不渝的坚持下，最终全面建成，实现了巩县人民自己建铁路的梦想，成就了前赴后继愚公移山的壮举，开启了巩义经济腾飞的前奏！

选自《孝大铁路的修建与开通》（中国人民政治协商会议巩义市委员会文史资料研究委员会编《建国三十年回望》）

光伏电站项目让俺将军岭村大变样

口述：张王成

整理：杨雅兰

我从小在将军岭村长大，现任将军岭村党总支书记。

将军岭村隶属于巩义市大峪沟镇，距市区18千米，由12个村民小组组成。整个村全部是黄土高原丘陵地貌，除了零星分布在沟沟壑壑间的1000多亩巴掌地外，其余全部是种不出任何东西的荒山荒坡。村集体没有任何收入，村民基本依靠在外打工生活，可以说是典型的穷山村和经济薄弱村。

2016年上半年，大峪沟镇政府决定将光伏项目引进到我们村，听到这个消息，我们非常高兴，终于有项目落地到我们村。经了解，这个项目是地面光伏发电项目，项目总装机容量为40兆瓦，总投资为4.5亿元，占地面积为2000亩。光伏发电项目是利用将太阳能转化为电能的方式来进行发电，是真正的绿色能源项目。投资这个项目的公司是国内著名的高科技上市公司，信息产业电子第十一设计研究院科技工程股份有限公司。项目投产后，可每年发电近5000万千瓦时，不仅每年可以为将军岭村增加收入60多万元，而且将拉动村周边的道路交通建设，为村民带来更多的工作机会。

正当我们高兴的时候，听说十一科技经过测算，在如此复杂的地形上进行项目建设，会增加很多成本，十一科技对此项目在将军岭建设有些动摇。

将军岭村光伏大道

关键时候，巩义市、大峪沟镇的领导在半年时间内，6次到成都总部会见十一科技主要领导，及时沟通各方面情况，表达巩义市和大峪沟镇招商引资的诚意和决心。十一科技董事长赵振元同志是一个有着崇高社会责任感的企业家，在经过审慎分析后，毅然决定将项目放在将军岭。

2016年6月，轰轰烈烈的项目建设开始了，平日宁静的将军岭村变得是那么热闹，近1000名施工人员在2600多亩的山坡上进行施工。我们村委会也全力保证，在土地流转、与村民关系协调、服务好项目建设现场等方面，村委会的所有同志全力投入，每日开会，了解现场情况，及时解决存在问题。

2016年12月23日，项目顺利并网，将军岭村昔日寸草不生的2000多亩荒山荒坡上，铺满了整洁平展的光伏板，那恢宏的气势，令人荡气回肠。

2017年，十一科技建设5千米长的光伏大道。2018年，政府又投资建设了光伏道路二期。这条6米宽的柏油道路大大改善了将军岭村的交通环境，方便了村民出行，也成为一条美丽的景观道路。道路通行后，当地和很多外地人周末都来旅游，他们不仅看质朴自然的山区景色，还来看宏伟的光伏电站。

接下来，十一科技和大峪沟镇政府还将合作进行将军岭村的美丽乡村建设，整个村庄的住宅也将进行美化和整理，并且将根据地形情况，修建多个景观。很快，以前贫穷、闭塞的将军岭村将成为大峪沟镇和巩义市的一颗闪闪发光的明珠了。

我的“寻梦薛庄”之旅

口述：巴风云

整理：杨雅兰

我叫巴风云，是薛庄美丽乡村的建设者和参与者。

2018 年的薛庄，因村里的石料厂车来车往，尘土飞扬，群众正常的生活环境被破坏，上访如家常便饭。经镇村与企业协商，由企业出资为村子修建了一条主干道，于 2018 年年底竣工。路通了，干净了，百姓的心也通了，信访案件销声匿迹。镇村领导也从这条路上看到了薛庄村未来的发展与出路——改善村居环境，提高群众生活的幸福感！而我也正是从那一刻开始我的“寻梦薛庄”之旅的！

寻梦薛庄

2019年6月1日，我来到了薛庄，与薛庄村两委谈起了薛庄的自然环境、资源禀赋、人文特点和乡土文化，以及对村子未来发展的设想与规划。方方面面，千头万绪，方向很明晰，想法很多。而正是这一番交流给了我莫大的感动、力量与信心。经过一番交谈、走访与讨论，最终，我们以“寻梦薛庄”为主题，为薛庄村村居环境改造和产业发展制定了三个原则，即尊重自然、因地制宜、就地取材。

尊重自然，即尊重这个自然村里的自然人的自然生活习惯和他们对自然生活的需求，尊重这个村子里的一花一草，一树一木。于是，在改造中，对村民的房屋“不大拆大建”，只是对他们的围墙与院子进行简单美化、绿化，围墙透起来，院子里种上了国人喜欢的象征吉祥、福气、多子多福的桂花树、梅花树、石榴树以及各种花花草草，为他们开辟整齐划一的小菜园，增设茶余饭后的活动场所，让邻居之间不再有距离，更融洽和谐；相信万物有灵，每个生命都有其存在的价值与意义，而作为农村长大的孩子，我更明白，老槐树上的槐花、地上的蒲公英、路边的狗尾巴草，他们都曾是人们口中的美味、土法的药材，抑或孩子们的玩具，都承载着每一代人不同的乡愁，所以，我们在老柿子树上挂上了我们的美好心愿“柿柿如意”，让百年老槐树和我们一起“槐念八零”，在老枣树下品茶聊天，守护我们的回忆与乡愁。

因地制宜，主要体现在产业规划与发展方面。随着拆迁，现在村子里居住的大多是40岁以上的待业妇女与老人，而在这些人中间，不乏生活的能工巧匠，比如村子里有几位老木匠手艺非常好，还有一些妇女馒头做得非常好。于是我们就以集体合作社的方式为这些闲散的劳动力规划了两个小型产业——木质墙面装饰和桌面摆件、薛庄牌纯碱手工馒头，让这些人在家里就可以找到工作，找回丢失的存在感和价值感。

就地取材，即利用身边的一些人才和物质资源，进行废物利用、旧物改造，群策群力打造薛庄人自己的微景观。于是各种废旧木料、轮胎、灯泡、矿泉水瓶、传统农具一起来，扮靓了我们的“文化小院”；干树枝、旧箩筐与灯泡相遇，变成了我们的“吸顶灯”；老木匠与老铁匠强强合作，妙手生出“垃圾港湾”与“石笼特色花盆”；大妈们一出手，玉米叶子变成了风吹雨淋都不怕的坐垫，不得不感叹“高手在民间”！

目前，薛庄村电、气、网、污水、庭院、白改黑等工作都正在加紧推进。一个生活设施功能齐备，又充满浓浓乡村味道的新薛庄正在乡村振兴的阳光大道上向我们走来！而我，我们，这样一群志同道合的人亦正在“寻梦薛庄”的路上阔步前进，无惧风雨，只因心中有情，远方有梦！

建设家风家训园

口述：李永州
整理：杨雅兰

我叫李永州，现任巩义市大峪沟镇董陵村支部书记。

2018 年 1 月，随着融创云智小镇项目的落地，我们董陵村整村搬迁。拆迁后，村里的群众搬入新建的社区，由过去的分散居住变为集中居住，为了带领群众过上乡风文明、邻里和谐的美好生活，董陵村从 2019 年 3 月开始，打造了“和美董陵家风家训主题文化园”。

“和美董陵家风家训主题文化园”由“一园一路一墙一丛”组成，即家国园、家风家训路、家风家训墙、和美董陵谚语丛，集中展示了党中央和习总书记对家风建设和家庭建设的要求、老一辈革命家的优秀家风家信、优秀家风家训格言、文学名著中的经典家训名篇、老百姓喜闻乐见的家风谚语、家风歌曲、社区居民身边的好家风家训故事，以及一些不良家风的反面典型案例等。

董陵村家风家训文艺演出

自文化园成立以来，我们和董陵小学形成新时代文明实践村校联建，先后举办了“家风家训专场演出”“我们的节日——端午主题活动”“六一亲子趣味活动”“庆中秋、迎国庆音乐诗会”“扫黄打非主题演出”“扬中华孝道家风 让老人晚年幸福重阳节活动”“小手拉大手 杜诗进乡村”等活动，在活动中，学校师生、家长、村两委干部、社区居民群众积极参与，共同提升。通过老百姓喜闻乐见的形式，让社区居民的生活丰富起来，营造浓厚的文化氛围，引领健康向上的乡村风气，为推进和美董陵乡村振兴提供精神文化支撑，获得了社会各界的好评。

除此之外，我们的社区便民服务中心“巧媳妇手工坊”“四点半课堂”“家缘书画室”也很好地给妇女、儿童、老人提供了技能培训、快乐学习、练习书法、沟通交流的场所。中央电视台《乡土中国》栏目 2019 年 9 月 11 日进行过报道。

我们董陵村把家风家训作为非常好的载体，让社区居民学习好家风，践行好家训。通过各种活动让大家的生活多样化，这样，小区的环境好了，群众的文化生活丰富了，思想道德水平也提高了，邻里之间的关系也越来越和谐。

参考文献

[1] 巩县志编纂委员会 . 巩县志 . 郑州：中州古籍出版社，1991.

[2] 巩义市地方史志编纂委员会 . 巩义市志（1986—2005）. 郑州：中州古籍出版社，2012.

[3] 巩义市地方史志办公室 . 巩义年鉴 2018. 郑州：中州古籍出版社，2019.

[4] 巩义河洛文化丛书编纂委员会 . 青龙山与慈云寺 . 郑州：中州中籍出版社，2008.

[5] 巩义市文物和旅游局 . 洛水汤汤——大运河的巩义故事 . 郑州：中州中籍出版社，2019.

[6] 曹振普 . 释源圣境慈云寺 . 北京：中国摄影出版社，2019.

[7] 释延超 . 慈云寺志 . 北京：宗教文化出版社，2012.

编纂始末

为发挥地方志书“资政、教化、存史”功能，大峪沟镇党委、政府根据《关于进一步做好郑州市名镇志、名村志、名街志文化工程的通知》要求，于2019年9月成立大峪沟镇志编纂委员会，安排专门人员组成编写小组和摄影小组，历时两个月时间，编写《大峪沟镇志》，以开发利用地方志文化资源，传承乡土历史文化，保存乡土文化记忆，力求呈现大峪沟镇人民不忘初心、牢记使命、锐意进取、开拓创新的精神风貌。

在郑州市、巩义市地方史志办的精心指导下，《大峪沟镇志》从大峪沟镇实际出发，按照历史文化名镇的规范，深入挖掘大峪沟镇的历史文化底蕴，着力展现经济社会的发展特点和独特价值，详今略古，不循旧例，在篇目设置上力图有所创新，在语言风格上追求朴实简洁，图文并茂，通俗易懂。

在编纂过程中，郑州市史志办以及巩义市史志办多次到大峪沟镇现场调研、指导，保证了《大峪沟镇志》的顺利完成。

大峪沟镇党委、政府十分重视《大峪沟镇志》的编纂，党委书记刘亚涛、镇长于晓理多次对镇志编写提出要求，审核提纲。主任科员王晓辉统筹协调各部门、各单位、各企业、各村提供资料，合力支持镇志编写工作。巩义市政协等单位以及平伟、何永红、王江燕、张良化也提供了很多资料和图片。在此谨向为本书付出辛勤劳动的所有人士致以衷心的感谢！

因本书中所选照片及文章众多，部分作品未能在出版前及时联系到著作权人，请著作权人看到后与我们联系，我们将奉上稿酬。

镇志编纂工作，时间仓促，资料分散，加之理论水平有限，才疏学浅，虽潜心编纂，数易其稿，其错误和遗漏的地方在所难免，敬请社会各界和专家学者批评指正。

《大峪沟镇志》编纂委员会

2019年10月